# 玉米粥奧德賽食譜

適合各種場合的 100 道美味創意玉米粥食譜：掌握多功能意大利菜的綜合指南

静 唐

版權材料 ©2023

版權所有

未經出版商和版權所有者的適當書面同意，不得以任何形式或任何方式使用或傳播本書的任何部分，評論中使用的簡短引用除外。本書不應被視為醫學、法律或其他專業建議的替代品。

# 目錄

| | |
|---|---|
| **目錄** | 3 |
| **介紹** | 8 |
| **早餐** | 9 |
| 1. 完美的藍莓煎餅 | 10 |
| 2. Frico 和玉米粥煎雞蛋 | 12 |
| 3. 玉米粥配番茄和帕爾馬干酪 | 14 |
| 4. 真空低溫烹調法鵝蛋配煙肉和玉米粥 | 17 |
| 5. 漿果早餐玉米粥 | 20 |
| 6. 藍莓玉米麵包華夫餅 | 22 |
| 7. 烤玉米麵包 | 24 |
| 8. 智利奶酪玉米麵包 | 26 |
| 9. 黑胡椒玉米麵包 | 28 |
| 10. 莎莎玉米餅 | 30 |
| 11. 南方玉米粥華夫餅 | 32 |
| 12. 完美的藍莓煎餅 | 34 |
| 13. 賓夕法尼亞荷蘭拼盤 | 36 |
| 14. 約翰尼蛋糕 | 38 |
| 15. 楓糖漿玉米粥 | 40 |
| 16. 巧克力薄煎餅 | 42 |
| 17. 土豆玉米粥 | 44 |
| 18. 玉米薄餅配烤豬肉 | 46 |

19. 檸檬玉米粥華夫餅 ... 49

# 開胃菜和小吃 **51**

20. 玉米粥派對 ... 52
21. 烤玉米粥方塊 ... 55
22. 莎莎醬貽貝油條 ... 57
23. 奶酪蒔蘿玉米粥咬 ... 59
24. 阿卡迪亞爆米花 ... 62
25. 炸螃蟹 ... 64
26. 薰衣草玉米粥奶油蛋捲 ... 66
27. 牙買加節餃子 ... 68
28. 炸青番茄 ... 70
29. TexMex 蔬菜餡餅 ... 73
30. 炒鹹菜 ... 75
31. 噓小狗 ... 77
32. 多香果奶酪番茄三明治 ... 79
33. 卡津炸蝦和牡蠣 ... 82
34. 豆米漢堡 ... 84
35. 玉米粥士力架 ... 86
36. 玉米粥油條 ... 88
37. 玉米糊炸雞 ... 90
38. 豆腐形狀 ... 92
39. 玉米熱狗 ... 94
40. 玉米餅 ... 96
41. 山羊奶酪玉米粥配曬乾番茄 ... 98
42. 玉米粥漿果鬆餅 ... 100

## 主菜 102

43. 熱意大利煎鍋披薩　　　　　　　103
44. 西南玉米粥麵包　　　　　　　　105
45. 松露蘑菇配芝士玉米粥　　　　　107
46. 醬油蘑菇　　　　　　　　　　　110
47. 瑞士甜菜烤玉米粥　　　　　　　112
48. 玉米粥烤寬麵條　　　　　　　　115
49. 早晨玉米粥加楓糖漿　　　　　　117
50. 玉米粥配烤菠蘿和草莓醬　　　　119
51. 美味奶油玉米粥　　　　　　　　122
52. 蘑菇濃湯玉米粥　　　　　　　　124
53. 醬油蘑菇　　　　　　　　　　　127
54. 瑞士甜菜烤玉米粥　　　　　　　129
55. 奶油玉米粥　　　　　　　　　　132
56. 玉米粥烤寬麵條　　　　　　　　134
57. 玉米粥加楓糖漿　　　　　　　　136
58. 甜玉米粥配烤菠蘿　　　　　　　138
59. 黑山玉米粥　　　　　　　　　　141
60. 芒果黃尾鯛魚　　　　　　　　　143
61. 營地玉米麵包　　　　　　　　　146
62. 煎羊肚菌　　　　　　　　　　　148
63. 豆豉炸玉米餅　　　　　　　　　150
64. 麵筋配鳳尾魚辣椒醬　　　　　　152
65. 玉米粥土耳其辣椒派　　　　　　154

66. 西蘭花砂鍋　　　　　　　　　　　　　　　157

67. 烤奶酪湯圓　　　　　　　　　　　　　　159

## 湯和燉菜　　　　　　　　　　　　　　　　162

68. 黑豆韭菜花湯　　　　　　　　　　　　　163

69. 鹿肉辣椒　　　　　　　　　　　　　　　166

70. 玉米粥湯　　　　　　　　　　　　　　　169

71. 托斯卡納玉米粥　　　　　　　　　　　　171

72. 玉米粥配胡桃南瓜　　　　　　　　　　　173

73. 火腿豌豆湯配玉米粥麵包丁　　　　　　　175

74. 燉小牛肉配白玉米粥　　　　　　　　　　177

75. 肉醬玉米粥　　　　　　　　　　　　　　180

76. 簡易玉米粥　　　　　　　　　　　　　　183

77. 橄欖醬魚配玉米粥　　　　　　　　　　　185

## 沙拉　　　　　　　　　　　　　　　　　　188

78. 雞肉玉米粥沙拉　　　　　　　　　　　　189

79. 栗子玉米粥　　　　　　　　　　　　　　191

80. 田野蔬菜配玉米粥、佐賀藍和烤核桃　　　193

81. 烤玉米粥配蘋果、茴香和戈貢佐拉乾酪　　196

82. 香草玉米粥配菠菜、蘑菇和乳清乾酪　　　199

83. 烤玉米粥配白豆沙拉　　　　　　　　　　202

84. 香草沙拉配雞肝和玉米粥　　　　　　　　205

85. 烤乾番茄玉米粥配茴香沙拉　　　　　　　208

86. 玉米粥皮鯧魚沙拉　　　　　　　　　　　210

87. 烤蔬菜玉米粥沙拉　　　　　　　　　　　212

## 甜點　　　　　　　　　　　　　　　　　　　　　**215**

88. 烤玉米粥舒芙蕾配 Taleggio 醬　　　　　　216

89. 藍莓玉米粥蛋糕　　　　　　　　　　　　218

90. 玉米粥皮撻皮　　　　　　　　　　　　　221

91. 什錦水果撻　　　　　　　　　　　　　　223

92. 葡萄醋栗餡餅配芳蒂娜奶酪　　　　　　　226

93. 印度布丁　　　　　　　　　　　　　　　229

94. 玉米粥布丁　　　　　　　　　　　　　　231

95. 玉米麵包派　　　　　　　　　　　　　　233

96. 火雞玉米粉蒸肉餡餅配玉米麵包皮　　　　235

97. Acrobat 巧克力玉米粥蛋糕　　　　　　　238

98. 那不勒斯玉米粥派　　　　　　　　　　　241

99. 煙熏三文魚迷你玉米粥　　　　　　　　　244

100. 熱玉米粥和牛尾蛋糕配茴香沙拉　　　　247

## 結論　　　　　　　　　　　　　　　　　　　　**250**

# 介紹

玉米粥是一道多功能且美味的菜餚，幾個世紀以來一直在意大利美食中受到人們的喜愛。在這本食譜中，我們為您帶來了 100 個令人垂涎的食譜，展示了玉米粥的多功能性，並將您的烹飪技巧提升到一個新的水平。

從鹹味到甜味，這本食譜適合每個人。您會發現經典玉米粥菜餚的創意，例如蘑菇和松露油的奶油玉米粥或玉米粥烤寬麵條，以及令人興奮的新食譜，例如玉米粥脆皮雞柳或楓糖漿玉米粥華夫餅。

在每個食譜中，您都會發現色彩繽紛的圖像，這些圖像將激發您在廚房中發揮創意。如果您不熟悉玉米粥烹飪，請不要擔心 - 我們提供了有用的提示和技巧來指導您完成每一步。

無論您是經驗豐富的家庭廚師還是剛剛入門，這本食譜都是您收藏的完美補充。準備好用美味獨特的玉米粥給您的家人和朋友留下深刻的印象，他們將無法抗拒。

# 早餐

## 1. 完美的藍莓煎餅

製作：一打煎餅

**原料：**
- 1 c. 牛奶
- ½ 杯水
- 1 c. 加 2 噸全麥麵粉
- ½ 杯玉米粥
- 1 噸。發酵粉
- ½ 噸。小蘇打
- 1/4 噸。鹽
- 1 c. 藍莓
- 2 噸油，分次使用
- 裝飾：果醬或糖漿

**指示：**

a) 在一個小碗中將牛奶和水混合；擱置。將麵粉、玉米粥、泡打粉、小蘇打和鹽一起篩入一個大碗中；攪拌均勻。加入牛奶混合物攪拌直至混合。

b) 拌入藍莓；靜置 5 分鐘。

c) 在大煎鍋中用中火加熱一湯匙油。將每個煎餅 ¼ 杯麵糊倒入煎鍋中；煮至頂部起泡且邊緣稍微乾燥。

d) 翻面，將另一面煎至金黃色。對剩餘的油和麵糊重複上述步驟。

e) 根據需要與果醬或糖漿一起溫熱食用。

## 2. 弗里科玉米粥煎雞蛋

品牌： 1

**原料：**

- ¼ 杯 切碎的白色切達干酪
- ¼ 杯磨碎的帕爾馬干酪
- ½ 杯煮熟的奶油玉米粥，加熱
- 1 湯匙特級初榨橄欖油
- 2 個大雞蛋
- 粗鹽和現磨胡椒
- 1 杯撕碎的瑞士甜菜、羽衣甘藍或羽衣甘藍
- 壓碎的紅辣椒片，供食用

**指示：**

a) 在一個小碗中，將切達干酪和帕爾馬干酪混合。

b) 用中低火加熱一個大煎鍋。將奶酪混合物撒入煎鍋底部的兩個 4 英寸圓片中，煮 1 到 2 分鐘，直至奶酪開始融化並變硬。用小勺子將玉米粥輕輕地舖在奶酪圓上，並在每個玉米粥堆的中心挖一個洞。

c) 將橄欖油均勻地淋在玉米粥上，在每個孔中打入一個雞蛋，然後用鹽和胡椒調味。煮時，偶爾旋轉煎鍋，直到蛋清凝固在蛋黃周圍，邊緣開始變脆，大約需要 2 分鐘。

d) 將蔬菜放入雞蛋周圍，蓋上煎鍋，再煮 1 分鐘，直至蔬菜枯萎。將煎鍋從火上移開，與紅辣椒片一起食用。

## 3. 玉米粥配西紅柿和帕爾馬干酪

品牌：4

## 原料：

- 2 杯無鹽蔬菜高湯
- 2 杯 1% 低脂牛奶
- 1 杯水
- 1 杯未煮過的石磨玉米粥或玉米粥
- ½ 茶匙粗鹽
- ½ 茶匙黑胡椒
- 1½ 盎司 帕爾馬干酪，磨碎
- 1½ 湯匙 無鹽黃油
- 3 杯 櫻桃番茄
- 1 湯匙橄欖油
- 2 湯匙切碎的新鮮羅勒
- 1 茶匙香醋或紅酒醋
- 1 盎司豆瓣菜或雜菜蔬菜
- ½ 盎司 帕爾馬干酪 削皮

**指示：**

a) 將高湯、牛奶、水、玉米粥、鹽和胡椒各 1/4 茶匙放入鍋中攪拌。蓋上鍋蓋，慢火煮 3 至 4 小時，直至液體被吸收且玉米粥變軟，每小時攪拌一次。加入磨碎的帕爾馬干酪和黃油，攪拌混合。蓋上蓋子靜置直至食用。

b) 將烤箱預熱至 450°F。將西紅柿、橄欖油以及剩餘的 1/4 茶匙鹽和胡椒粉攪拌在一起。將西紅柿放在襯有鋁箔的烤盤上。在預熱的烤箱中烘烤 10 至 12 分鐘，直至番茄變軟並輕微燒焦。

c) 將燒焦的西紅柿和果汁放入碗中；加入羅勒和醋，輕輕攪拌混合。將玉米粥分成 4 個碗；上面放上番茄混合物、豆瓣菜和帕爾瑪乾酪片。

## 4. 真空低溫烹調法鵝蛋配薄肉和玉米粥

品牌：2

**原料：**

**對於玉米粥：**

- 1 杯粗磨玉米粥
- 6 湯匙 黃油，分開
- 4 杯全脂牛奶
- 1 杯帕爾馬干酪，磨碎
- 海鹽和現磨黑胡椒調味

**對於薄餅和雞蛋：**

- 4 個大小相似的鵝蛋（雞蛋的大小會影響烹飪時間）
- 8 片薄肉，最好很薄
- 4 把你最喜歡的蔬菜，撒上一點特級初榨橄欖油
- 幾撮海鹽
- 新鮮磨碎的帕爾馬干酪

**指示：**

對於玉米粥：

a) 首先，加滿水浴並將 Anova 裝置設置為 190F/87C。

b) 當水變暖時，將玉米粥、黃油和牛奶放入真空密封袋中。您的真空密封機應清除食物周圍的所有空氣。

c) 將袋子浸入水中並煮 2 至 2-1/2 小時。煮玉米粥時，磨碎 8 盎司帕爾馬干酪。

d) 從烤箱中取出袋子，立即倒在一個大碗裡的帕爾馬干酪上。將配料攪拌均勻，用鹽和胡椒調味。

e) 對於薄肉和雞蛋：

f) 使用相同的水浴，將 Anova 單位調整至 167F/75C。水需要一段時間才能煮熟，因此您也可以在浴缸中添加一些冷水以加快這一過程。您可以在煮薄肉和雞蛋時將玉米粥放在水浴中保溫。一般鵝蛋需要煮 5 分鐘。

g) 輕輕地將雞蛋放入水浴中。無需密封它們。

h) 煮雞蛋的同時，用中火加熱鑄鐵或不銹鋼煎鍋，將薄肉煎至金黃色，大約需要 5 到 7 分鐘。

i) 當變成棕色時，將薄煎餅放在盤子上，並用紙巾覆蓋。用鉗子將雞蛋從水浴中取出，然後用冷水沖洗。由於雞蛋非常脆弱，因此在破裂時要小心。

j) 將玉米粥舀到盤子上，然後將雞蛋放在玉米粥中間。上面放上酥脆的玉米粥，搭配蔬菜和大量磨碎的帕爾馬干酪。

## 5. 漿果早餐玉米粥

**原料：**

- ½ 杯冷凍混合漿果（未解凍）
- 1 湯匙。漿果蜜餞（任何口味）
- 約 ½ 管預煮玉米粥，切成 ½ 英寸厚的圓形
- ¼ 加 ⅛ 茶匙。肉桂粉
- 1 湯匙。牛奶
- 1 茶匙。楓糖漿或蜂蜜

**指示：**

a) 將漿果和蜜餞混合在一個小碗中。

b) 將一份玉米粥放入 16 盎司的杯子中。杯子並撒上 1/8 茶匙。肉桂。將三分之一的漿果混合物舀在上面。

c) 再重複分層兩次，用完所有的玉米粥、肉桂和漿果。按下層並覆蓋。微波爐加熱約 4 分鐘

d) 淋上牛奶和糖漿。

## 6. 藍莓玉米麵包華夫餅

份量：4 至 6 份

## 原料：

- 1½ 杯 通用麵粉
- ½ 杯玉米粥
- ¼ 杯 砂糖
- ½ 茶匙粗鹽
- 1½ 茶匙泡打粉
- 1¼ 杯酪乳
- 2 個雞蛋，輕輕打散
- ½ 杯（1 支）無鹽黃油，融化
- 3/4 杯冷凍藍莓，解凍

## 指示：

a) 預熱華夫餅熨斗。

b) 在一個大碗中，混合麵粉、玉米粥、糖、鹽和泡打粉。將乾成分混合直至充分混合。

c) 在乾燥原料的中心，做一個小井。加入酪乳、雞蛋和融化的黃油。用攪拌器攪拌直至充分混合。然後將藍莓拌入麵糊中。

d) 用不粘烹飪噴霧噴灑華夫餅熨斗。將 1 到 1½ 杯麵糊放在熨斗上，煮至外部酥脆。重複直到沒有麵糊為止。搭配您最喜歡的配料即可享用。

## 7. 烤玉米麵包

**原料：**

- 1 杯玉米粥
- 1 杯麵粉
- 2 茶匙。發酵粉
- 3/4 茶匙。鹽
- 1 杯牛奶
- 1/4 杯植物油

**指示：**

a) 混合干成分。加入液體攪拌。
b) 用勺子舀入抹好油的煎鍋中
c) 煮至中間變硬。

## 8. 智利奶酪玉米麵包

份量：16 份

原料：
- 1 杯玉米粥
- 1 杯 通用麵粉
- 1 湯匙（加 1 茶匙）發酵粉
- 1/4 茶匙 鹽
- ¼ 杯 脫脂奶粉
- 1 湯匙糖
- 1 杯水
- ½ 杯冷凍雞蛋替代品，解凍
- 2 湯匙植物油
- 3/4 杯（3 盎司）健康之選無脂切達干酪絲
- 1 罐（4 盎司）切碎的青辣椒，瀝乾
- 蔬菜烹飪噴霧

指示：

a) 將前 6 種原料混合在一個中等大小的碗中；在混合物的中心打一個井。

b) 將水、雞蛋替代品和油混合；添加到干燥的成分中，攪拌直至濕潤。

c) 拌入奶酪和青辣椒，將麵糊倒入塗有烹飪噴霧的 8 英寸方形烤盤中。以 375 度烘烤 30 分鐘或直至呈金黃色。

## 9. 黑胡椒玉米麵包

份量：12 份

原料：
- 1 品脫玉米粥
- 1 品脫通用麵粉
- ¼ 杯 糖
- 3 湯匙發酵粉
- 2 茶匙 鹽
- ¼ 杯 新鮮黑胡椒粉
- 1 品脫牛奶
- 4 個中等大小的雞蛋；打得好
- ¼ 杯 融化的黃油

指示：

a) 將烤箱預熱至 400°F：在 2 英寸高邊的 8 英寸方形平底鍋上塗黃油。

b) 在大碗中將前 6 種成分混合在一起。

c) 在一個小碗中將牛奶、雞蛋和融化的黃油混合。將牛奶混合物倒在幹原料上，攪拌直至濕潤：不要過度混合。將麵糊舀入準備好的平底鍋中。

d) 將玉米麵包烘烤約 25 分鐘，直至呈淺棕色，並且測試儀出來時是乾淨的。

e) 將玉米麵包放入鍋中冷卻。將玉米麵包打碎並弄碎，鋪在烤盤中，晾乾 24 小時，然後再用來製作餡料。

## 10. 莎莎玉米蛋糕

份量：8 份

**原料：**
- 6 盎司 奶油乾酪，軟化
- 1/4 杯 黃油，融化
- 6 個大雞蛋
- 1 杯 2% 牛奶
- 1-1/2 杯 通用麵粉
- 1/2 杯 玉米粥
- 1 茶匙發酵粉
- 1 茶匙鹽
- 1 罐（15-1/4 盎司）整粒玉米，瀝乾 • 1/2 杯莎莎醬，瀝乾
- 1/4 杯 蔥末
- 酸奶油和額外的莎莎醬

**指示：**

a) 在一個大碗中，將奶油乾酪和黃油攪打至光滑；加入雞蛋並攪拌均勻。加入牛奶攪拌至光滑。

b) 將麵粉、玉米粥、泡打粉和鹽混合；攪拌至奶油乾酪混合物中直至濕潤。拌入玉米、莎莎醬和洋蔥。

c) 將 1/4 杯麵糊倒入塗有油脂的大鑄鐵煎鍋或熱煎鍋中。

d) 當上面有氣泡時翻面；煮至第二面呈金黃色。與酸奶油和莎莎醬一起食用。

## 11. 南方玉米粥華夫餅

製作 4 到 6 個華夫餅

## 原料：

- 3/4 c。玉米粥
- 2 噸通用麵粉
- 1 噸。糖
- 1/2 噸。發酵粉
- 1/4 噸。小蘇打
- 1/4 噸。鹽
- 1 個雞蛋，打散
- 1 c. 牛奶
- 1/4 c。油
- 2 噸。檸檬汁

## 指示：

a) 在一個碗中，將玉米粥、麵粉、糖、泡打粉、小蘇打和鹽混合在一起。

b) 加入剩餘成分攪拌。

c) 將 1/2 杯麵糊倒入塗有少許油脂的熱華夫餅熨斗上。

d) 根據製造商的說明進行烘烤。

## 12. 完美的藍莓煎餅

做一打煎餅

## 原料：

- 1 c. 牛奶
- 1/2 c。水
- 1 c. 加 2 噸全麥麵粉
- 1/2 c。玉米粥
- 1 噸。發酵粉
- 1/2 噸。小蘇打
- 1/4 噸。鹽
- 1 c. 藍莓
- 2 噸油，分次使用
- 裝飾：果醬或糖漿

## 指示：

a) 在一個小碗中將牛奶和水混合；擱置。將麵粉、玉米粥、泡打粉、小蘇打和鹽一起篩入一個大碗中；攪拌均勻。加入牛奶混合物攪拌直至混合。

b) 拌入藍莓；靜置 5 分鐘。在大煎鍋中用中火加熱一湯匙油。

c) 將每個煎餅 1/4 杯麵糊倒入煎鍋中；煮至頂部起泡且邊緣稍微乾燥。翻面，將另一面煎至金黃色。對剩餘的油和麵糊重複上述步驟。

d) 根據需要與果醬或糖漿一起溫熱食用。

## 13. 賓夕法尼亞荷蘭式拼盤

做 12 份

原料：
- 1 磅去骨豬腰肉，切碎
- 1 c. 玉米粥
- 14-1/2 盎司 可以雞湯嗎
- 1/4 噸。干百里香
- 1/4 噸。鹽
- 1/2 c。多用途麵粉
- 1/4 噸。胡椒
- 2 噸油
- 可選：楓糖漿

指示：

a) 在鍋中，加水蓋過豬肉；用中火煮沸。煮約一個小時，直至叉子變軟；流走。在食品加工機中加工直至切碎。在一個大平底鍋中，用中火將豬肉、玉米粥、肉湯、百里香和鹽混合；煮滾。

b) 減少熱量並煮沸，不斷攪拌 2 分鐘，或直至混合物非常濃稠。在 9 英寸 x 5 英寸的烤盤上鋪上蠟紙，讓蠟紙延伸到烤盤頂部上方。

c) 將豬肉混合物倒入鍋中；蓋上蓋子並冷藏 4 小時至過夜。脫模；切成片並放在一邊。在盤子上，將麵粉和胡椒混合。

d) 在切片上塗上麵粉混合物。在一個大煎鍋中，用中火加熱油；將切片兩面煎至金黃。如果需要的話，淋上糖漿。

## 14. 約翰尼蛋糕

做 4 份

**原料：**
- 1 杯玉米粥
- 1 茶匙鹽
- 1 茶匙糖
- 1 1/2 杯開水，如果需要可再加更多
- 菜籽油或葡萄籽油，用於煎炸

**指示：**

a) 在一個中等大小的碗中，將玉米粥、鹽和糖混合均勻。慢慢加入水，攪拌直至光滑。如果混合物太稠，可添加最多 3 湯匙水。將烤箱預熱至 225°F。

b) 在煎鍋或大煎鍋上，用中火加熱一層薄薄的油，加入足夠的油來覆蓋。將一大湯匙麵糊倒入熱煎鍋中，煮約 5 分鐘，直至頂部出現小氣泡。

c) 小心不要燒焦。將約翰尼蛋糕翻面，再煮 4 到 5 分鐘，直到第二面變成棕色。

d) 將煮熟的約翰尼蛋糕轉移到耐熱盤中，並在烹飪其餘部分時在烤箱中保溫

## 15. 楓糖漿玉米粥

做 4 份

原料：
- 2 杯水
- 1 茶匙鹽
- 1 杯玉米粥
- 2 湯匙純素人造黃油
- 1/4 杯純楓糖漿

指示：

a) 在一個大平底鍋中，用高溫將水煮沸。添加鹽並在玉米粥中攪拌。將熱量降至最低。煮，攪拌，直到水被吸收，大約 15 分鐘

b) 關掉火，加入人造黃油攪拌。用勺子舀入 4 個碗中，淋上楓糖漿，即可食用

## 16. 巧克力餡的薄烤餅

原料：

- 2/3 杯 全麥麵粉
- 2/3 杯 未漂白通用麵粉
- 1/3 杯 玉米粥
- 1 湯匙泡打粉
- ½ 茶匙小蘇打
- 2 杯脫脂香草酸奶
- 3/4 杯脫脂雞蛋替代品
- 2 湯匙菜籽油
- 3/4 杯非乳製品攪打配料

**指示：**

a)　將麵粉、玉米粥、泡打粉和小蘇打混合在一個大碗中。加入酸奶、雞蛋替代品、巧克力片和油。

b)　在一個大的不粘鍋上塗上烹飪噴霧，然後用中火加熱。

c)　對於每個煎餅，將 2 湯匙麵糊倒入煎鍋中。將煎餅煮 2 分鐘，或直至表面出現氣泡且邊緣凝固。翻轉並煮至淺棕色，再煮約 2 分鐘。對剩餘的麵糊重複上述步驟。

d)　在每個煎餅上放一茶匙攪打過的配料。

**17. 土豆玉米粥**

品牌： 6

## 原料：

- 6 杯水
- 1 ¼ 杯 椰奶
- 1 ¼ 杯 玉米粥，細的
- ½ 杯土豆，切絲
- 1/4 茶匙鹽
- 1/4 茶匙胡椒粉
- ¼ 杯玉米粒
- 3/4 杯無糖煉乳

## 指示：

a) 將 5 杯水和椰奶加入速溶鍋中。

b) 將玉米粥與 1 杯水混合，然後放入鍋中。

c) 拌入土豆、玉米、鹽和胡椒。

d) 蓋上鍋蓋並按"手動"功能鍵。

e) 將時間調整為 6 分鐘，然後用高壓烹飪。

f) 聽到"嘟"聲後，自然洩壓，取下蓋子。

g) 加入不加糖的煉乳攪拌。

h) 服務並享受。

## 18. 玉米薄餅配烤豬肉

品牌： 1 份

**原料：**

- ⅓杯海鮮醬；或更多口味
- ½ 杯 蔥條；或更多口味
- 1 瓣大蒜；切碎或壓榨
- ¼ 茶匙 碎紅辣椒片
- 1 茶匙五香料粉
- 1 湯匙醬油
- 2 茶匙 沙拉油
- 2 湯匙米醋
- 12 盎司 豬里脊肉
- 1 3/4 杯水；加
- 2 湯匙水
- 1 杯玉米粥
- ½ 杯 通用麵粉
- 1 茶匙沙拉油
- 1/4 茶匙 鹽
- 醃製烤豬肉。準備薄餅。

**指示：**

a) 對於烤豬肉：將前六種成分混合在一個淺盤中。將豬肉去掉脂肪和銀膜，加入鹽水中。轉向外套。蓋上蓋子，冷藏至少 30 分鐘或最多 3 小時，旋轉幾次。

b) 將豬肉從盤中取出，倒入鹽水。將其放置在塗有少許油脂的烤架上，距離中等熱煤的實心床層 4 至 6 英寸。烹調，刷上鹽水，旋轉 2 或 3 次，使所有面變成棕色，直到插入最厚部分的肉類溫度計顯示 155 度（約 20 分鐘）。提起到切板上並保溫約 15 分鐘，然後切片。

c) 對於薄餅：將所有原料放入攪拌機中攪拌。在 6 至 7 英寸的薄餅鍋中噴灑植物油烹飪噴霧；用中火加熱鍋，直到表面有水滴跳動。煮每個薄餅時，將 3 湯匙麵糊倒入鍋中；傾斜，使麵糊蓋上蓋子，蓋上蓋子，蓋上整個表面。煮至薄餅頂部變乾。慢慢地將縐紗和另一面變成棕色；然後倒在盤子上。將做好的薄餅堆疊起來。根據需要使用更多烹飪噴霧以防止粘連；經常攪拌麵糊，防止玉米粥沉澱。

d) 燒烤豬肉時，用箔紙包裹堆疊的薄餅，然後在 350 度的烤架中重新加熱直至變熱（約 15 分鐘）。食用時，將豬肉切成薄片。將豬肉包裹在薄餅中，加入海鮮醬和洋蔥調味。

## 19. 檸檬玉米粥華夫餅

製作： 1 份

**原料：**
- 3 個雞蛋
- 1¼ 杯酪乳或低脂酸奶
- 1 杯 通用麵粉
- ½ 杯玉米粥
- 2 湯匙砂糖
- 1 湯匙 磨碎的檸檬皮
- 1 茶匙小蘇打
- 1 湯匙黃油或人造黃油；融化了

**指示：**

a) 在碗中，用酪乳攪拌雞蛋。

b) 在第二個碗中，混合麵粉、玉米粥、糖、檸檬皮和小蘇打。

c) 將乾成分攪拌到雞蛋混合物中。加入融化的黃油或人造黃油攪拌。

d) 將華夫餅熨斗加熱約 5 分鐘，或按照製造商的說明進行操作。將麵糊舀入熱烤架的中心並關閉。煮幾分鐘，或直到華夫餅做好。

# 開胃菜和小吃

## 20. 派對玉米粥

份量：4 份

原料：
- 1 包玉米粥
- 200 克 帕爾馬干酪，新鮮磨碎
- 刷牙用橄欖油
- 3 個李子番茄，去皮、去籽、切丁
- 1 瓣大蒜，去皮並切碎
- 6 片新鮮羅勒葉，大致撕碎
- 4 湯匙 特級初榨橄欖油
- 片狀海鹽和現磨黑胡椒
- 350 克 混合蔬菜，如西葫蘆和茄子，修剪並切片
- 1 茶匙新鮮百里香葉
- 1 湯匙 香醋
- 75 克 Dolcelatte 奶酪，切片
- 6 片帕爾瑪火腿薄片，每片切成兩半

指示：
### 對於玉米粥：
a) 首先，按照包裝上的說明準備玉米粥。
b) 將帕爾馬干酪打入玉米粥中。
c) 將玉米粥舖在大烤盤中，鋪成約 2.5 厘米厚的一層。
d) 讓它冷卻。

### 對於西紅柿阿爾克魯多：
a) 將西紅柿放入碗中，拌入大蒜、羅勒和 2 湯匙油。
b) 用鹽和現磨黑胡椒調味。

**對於醃製烤蔬菜：**

a) 將煎鍋加熱至冒煙，然後加入剩餘的油，將蔬菜放在煎鍋上。

b) 每面煎 3-4 分鐘，直至呈金黃色。

c) 轉移到碗中，用鹽、現磨的黑胡椒和百里香葉調味。

d) 添加香醋。

**組裝：**

a) 一旦玉米粥冷卻並凝固，將其切成厚而長的手指狀。

b) 將烤架預熱至熱。在玉米粥手指上刷上橄欖油，然後放在襯有箔紙的烤盤上。

c) 在烤架下將玉米粥每面烤 2 分鐘，直至金黃色酥脆。

d) 在三分之一的玉米粥手指上放上多克拉特奶酪和褶皺的帕爾馬火腿。

e) 再烤 2 分鐘，直至奶酪融化並冒泡。

f) 另外三分之一的玉米粥上面放上生番茄，剩下的放上混合烤蔬菜。

g) 將玉米粥放在一個大盤子上。

## 21. 烤玉米粥方块

份量：8 份

原料：
- 2 瓣大蒜；切碎的
- 1/4 茶匙黑胡椒
- 2 杯水
- 2 湯匙特級初榨橄欖油
- 2 杯高湯
- ⅓ 杯 Cotija 奶酪，切碎
- 1 杯玉米粥
- 4 湯匙 橄欖油，用於刷牙
- ½ 紅洋蔥；切碎的
- 1 茶匙海鹽
- 2 湯匙無鹽黃油

指示：

a) 在一個大而重的平底鍋中，用小火加熱橄欖油。

b) 將洋蔥煮約 3 分鐘，然後加入大蒜。

c) 用大火將高湯、水和鹽煮沸。

d) 把火調小，液體沸騰後，慢慢地將玉米粥滴入玉米粥中，不斷攪拌。

e) 將火調至非常低的溫度並持續攪拌 25 至 30 分鐘，或直至玉米粥顆粒變軟。

f) 加入黑胡椒、Cotija 和黃油，攪拌均勻。

g) 將玉米粥堆放在烤盤中並均勻鋪開。

h) 室溫放置 1 小時。

i) 在烤盤上塗抹油。將玉米粥刷上橄欖油，然後切成 8 塊。

j) 預熱烤盤，將方塊每面煎 9 分鐘或直至呈金黃色。

## 22. 莎莎醬貽貝油條

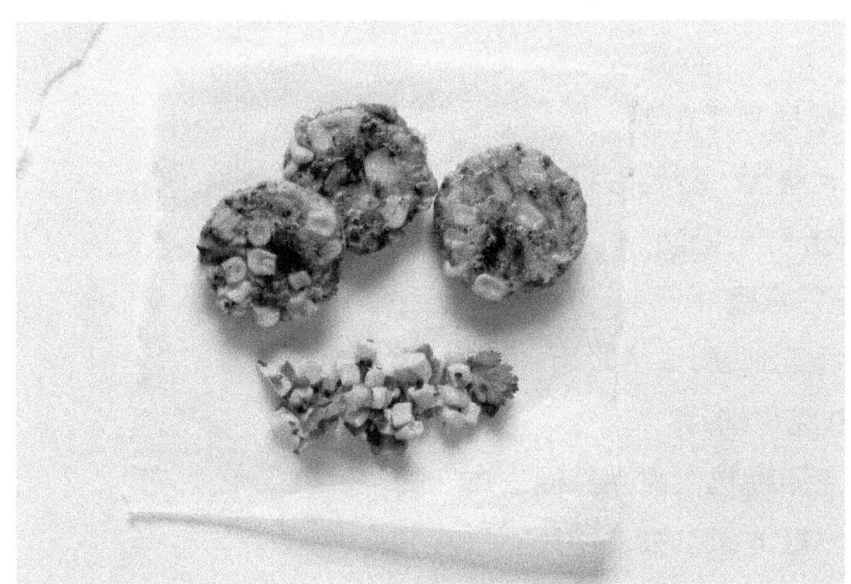

品牌： 4 份

## 原料：

- 8 綠殼貽貝；出殼
- 6 個大雞蛋；輕輕毆打
- 50 毫升雙倍奶油
- 10 毫升魚醬
- 2 湯匙玉米粥
- 蔥 50 克；切片
- 400 克庫梅拉；煮熟然後去皮
- 1 個小紅洋蔥；去皮切片
- 20 毫升 新鮮酸橙汁
- 2 納西；核心被移除並且
- 30 毫升 特級初榨橄欖油

## 指示：

a) 將貽貝切成四等分，然後將它們與雞蛋、奶油、南普拉、玉米粥和半個蔥混合在碗中。最後拌入庫邁拉。

b) 將所有其他成分混合在一起製成莎莎醬，包括剩餘的蔥，靜置 30 分鐘。

c) 加熱平底鍋，刷上油，然後製作 4 個大油條或 8 個小油條。將一側煎至金黃色，然後翻面煎另一側。

## 23. 奶酪蒔蘿玉米粥咬

原料：
- 1 杯牛奶
- 3 杯肉湯
- 3 瓣大蒜切碎
- 1/2 茶匙薑黃
- 1/2 茶匙蒔蘿
- 1 杯玉米粥
- 1 湯匙黃油
- 2 湯匙營養酵母
- 1 茶匙鮮檸檬汁
- 菜油噴霧

指示
對於玉米粥

a) 在高壓鍋或速溶鍋中：將牛奶、肉湯、大蒜、薑黃、蒔蘿和玉米粥放入未蓋的高壓鍋（或多用鍋，例如速溶鍋）中。

b) 蓋上高壓鍋並加壓。高壓煮 5 分鐘。15 分鐘後自然釋放。如果使用多功能鍋，選擇手動高壓 5 分鐘。取下蓋子，加入黃油、營養酵母和檸檬汁。

c) 在爐灶上：將牛奶、肉湯、大蒜、薑黃和蒔蘿放入大平底鍋中，用中高溫煮沸。

d) 將玉米粥慢慢倒入沸騰的牛奶混合物中，不斷攪拌，直到所有玉米粥都融入並且沒有結塊。

e) 把火調小，煮約 5 分鐘，經常攪拌，直到玉米粥開始變稠。

f) 玉米粥應該仍然稍微鬆散。蓋上鍋蓋，煮 30 分鐘，每 5 到 6 分鐘攪拌一次。當玉米粥太稠而無法攪拌時，用木勺攪拌。當玉米粥的質地呈奶油狀且單個顆粒變軟時，玉米粥就完成了。

g) 關掉火，輕輕地將黃油攪拌到玉米粥中，直到黃油部分融化。

h) 將營養酵母和檸檬汁混合到玉米粥中。蓋上鍋蓋，讓玉米粥靜置 5 分鐘使其變稠。

i) 將熱玉米粥放在一邊冷卻（您可以將玉米粥轉移到中等大小的碗中並冷藏 15 分鐘以加快這一過程）。

**對於玉米粥：**

j) 將 1/8 杯玉米粥捲成球狀，然後將其單層放入空氣炸鍋中。

k) 給它們噴上菜籽油。在 400°F 下煮 12 至 14 分鐘，並搖動 6 分鐘。

l) 製作：20 口玉米粥

## 24. 阿卡迪亞爆米花

原料：

- 2 磅生小龍蝦尾（或小蝦）
- 2 個大雞蛋
- 1 杯幹白葡萄酒
- ½ 杯玉米粥
- ½ 杯麵粉
- 1 湯匙新鮮韭菜
- 1 瓣蒜，切碎
- ½ 茶匙百里香葉
- ½ 茶匙山蘿蔔
- ½ 茶匙蒜鹽
- ½ 茶匙黑胡椒
- ½ 茶匙辣椒
- ½ 茶匙辣椒粉
- 油炸用油

指示：

a) 用冷水沖洗小龍蝦或蝦，瀝乾水分，放在一邊備用。將雞蛋和酒放入小碗中攪拌，然後冷藏。在另一個小碗中，將玉米粥、麵粉、香蔥、大蒜、百里香、山蘿蔔、鹽、胡椒、辣椒和辣椒粉混合。逐漸將乾成分攪拌到雞蛋混合物中，攪拌均勻。蓋上所得麵糊，然後在室溫下靜置 1-2 小時。

b) 將荷蘭烤箱或油炸鍋中的油在溫度計上加熱至 375°F。

c) 將乾海鮮浸入麵糊中，分小批煎 2-3 分鐘，直至呈金黃色。

d) 用漏勺取出小龍蝦（或蝦），並用幾層紙巾徹底瀝乾。將其放在加熱的盤子上，搭配您最喜歡的蘸醬。

## 25. 炸蟹

品牌：8

原料：
- 1 杯粗玉米粉
- ½ 杯麵粉
- 3/4 杯泡打粉
- ¼ 湯匙 辣椒粉
- 2 根細香蔥，切碎
- 8 盎司爪蟹肉
- 4 盎司 冷凍格魯耶爾奶酪
- 1 杯 麵團水

指示：

a) 在大型荷蘭烤箱中用中火將 1 ½ 英寸的油加熱至 350 華氏度（油炸）。

b) 與此同時，將玉米粥、麵粉、發酵粉、辣椒、小蘇打和 3/4 茶匙鹽放入碗中混合。

c) 加入洋蔥和洋蔥，攪拌均勻。加入蟹肉和奶酪，用叉子攪拌混合。在井中央加入黃油和雞蛋，攪拌均勻。

d) 用勺子將湯倒入熱油中，小心不要濺出鍋中，煎時不時翻面，直至變成棕色，持續 3 至 5 分鐘。

e) 轉移到一張紙巾上——用鹽調味，對剩餘的麵團重複上述步驟。

## 26. 薰衣草玉米粥奶油蛋捲

製作： 1 份

原料：

- 4 杯 白色；未漂白的麵粉
- 1 杯玉米粥
- 1 茶匙 鹽
- 1 茶匙 薰衣草
- 8 盎司熱脫脂牛奶；加熱至 85 度
- 1 湯匙新鮮酵母
- 1 湯匙蜂蜜
- 2 個全蛋；毆打

指示：

a) 將酵母加入水和蜂蜜中，放在溫暖的地方直至起泡，然後加入打散的雞蛋。

b) 將乾濕成分混合併揉捏 8 分鐘。將其放在溫暖的地方，讓麵團發酵直至體積增加一倍。

c) 然後，向下沖壓並形成所需的形狀。讓麵團混合物再次發酵，直至其尺寸增加一倍，然後在 350 度的溫度下烘烤 25-30 分鐘。

d) 烘烤時間將根據麵包的形狀和大小而變化。

e) 當它看起來呈淺棕色並且敲擊時發出空心的聲音時就完成了。

## 27. 牙買加節餃子

**原料：**

- 3 湯匙糖
- 1 ½ 杯麵粉
- 1 茶匙發酵粉
- 3 湯匙玉米粥
- 1 茶匙香草精
- ½ 杯水
- 大約 3 杯植物油用於煎炸。
- ½ 茶匙鹽

**指示：**

a) 在一個大碗中篩入麵粉和發酵粉，然後加入玉米粥、糖和鹽。攪拌混合成分。

b) 倒入香草精，開始一點點加水，同時攪拌所有東西。（當麵團成型時，你需要把手伸進去揉捏。如果你發現½杯水不夠，可以再加一點。

c) 這個想法是工作 5-7 分鐘，直到你得到一個成型良好的麵團，麵團堅硬且略帶粘性。蓋上保鮮膜或茶巾，讓麵團靜置約 ½ 小時。）

d) 在工作台上撒上麵粉，然後將麵團分成 8 等份。

e) 用手將每塊形成 4-6 英寸長的雪茄形狀或形成約 1 英寸厚的球狀。盡量不要把它們做得太厚（油炸時它們會變大。）

f) 用中火加熱植物油，然後將成型的麵團輕輕放入鍋中。

g) 煮約 2-3 分鐘，然後翻轉。

h) 煮熟後用紙巾吸去多餘的油。

## 28. 油炸綠西紅柿

製作：4個肉餅

**原料：**

- ¼ 杯脫脂蛋黃醬
- 1/4 茶匙磨碎的酸橙皮碎
- 2 湯匙酸橙汁
- 1 茶匙切碎的新鮮百里香
- ½ 茶匙胡椒粉，分開
- ¼ 杯 通用麵粉
- 2 個純素雞蛋替代品
- 3/4 杯玉米粥
- 1/4 茶匙鹽
- 2 個綠色西紅柿
- 2 個紅番茄
- 2 湯匙菜籽油
- 8 片加拿大培根

## 指示

a) 將前 4 種原料和 ¼ 茶匙胡椒粉混合，冷藏直至食用。

b) 將麵粉放入一個淺碗中，然後將雞蛋代用品放入另一個淺碗中。在第三個碗中，混合玉米粥、鹽和剩餘的胡椒粉。

c) 將每個番茄橫向切成 4 片。

d) 撒上 1 片麵粉，輕輕裹上麵粉，抖掉多餘的麵粉。

e) 浸入純素雞蛋代用品中，然後浸入玉米粥混合物中。對剩餘的番茄片重複上述步驟。

f) 在不粘鍋中，將油加熱至過熱。

g) 分批將西紅柿煮至金黃色，每面煮 4-5 分鐘。

h) 在同一個平底鍋中，將加拿大培根兩面煎成淺棕色。

i) 綠番茄、培根和紅番茄各疊放 1 片。與醬汁一起食用。

## 29. 德州墨西哥蔬菜餡餅

原料：

- 15¼ 盎司 罐裝全粒玉米
- ½ 杯 保留液體
- ½ 杯玉米粥
- ½ 杯 洋蔥，切碎
- ⅓ 杯 紅甜椒，切碎
- ½ 茶匙 青檸皮碎，磨碎
- ¼ 杯煮熟的白米飯
- 3 湯匙新鮮香菜，切碎
- 4 茶匙 墨西哥辣椒
- ½ 茶匙 小茴香粉
- 4 個脫脂玉米餅，9 至 10 英寸
- 8 湯匙 淡酸奶油
- 8 湯匙購買的莎莎醬

## 指示

a) 將 ½ 杯玉米粒和 1 湯匙玉米粥放入攪拌機中攪拌，直至形成濕潤的團塊。添加 3/4 杯玉米粒，加工 10 秒

b) 將玉米混合物轉移到一個重的不粘鍋中。添加 ½ 杯玉米液、洋蔥、甜椒和酸橙皮。蓋上鍋蓋，用小火煮 12 分鐘，直至濃稠變硬，經常攪拌。加入米飯、香菜、墨西哥辣椒、鹽和小茴香。將 1/4 的混合物滴到 4 片箔片上，然後將箔片壓成 3/4 英寸厚的肉餅。

c) 準備燒烤。在漢堡的兩面噴上不粘噴霧劑，然後烤至酥脆，每面約 5 分鐘。將玉米餅烤至柔韌，每面約 30 秒

## 30. 炒酸瓜

品牌：4 份

原料：
- 1 罐（16 盎司）蒔蘿泡菜片，瀝乾
- 1 杯玉米粥
- 1 杯自發麵粉
- 1 茶匙調味鹽
- ½ 茶匙黑胡椒粉
- ½ 茶匙辣椒粉
- ½ 茶匙辣椒
- 2 個雞蛋，打散
- 3/4 杯植物油，用於煎炸

指示：

a) 將泡菜片拍乾，然後將它們放在襯有紙巾的烤盤上。

b) 在一個大碗中，將玉米粥、麵粉、調味鹽、黑胡椒、辣椒粉和辣椒混合。混合直至充分混合。

c) 將泡菜片浸入雞蛋中，使其沾上雞蛋。一定要抖掉多餘的雞蛋。然後將泡菜片放入麵粉混合物中，並確保它們被充分包裹。抖掉多餘的麵粉，然後將薯條放回烤盤上。

d) 在一個大煎鍋中，將植物油加熱至約 350 華氏度。添加泡菜片，確保不要將鍋擠得太滿。將薯片煎 2 至 3 分鐘，直至其呈金黃色。

e) 用有槽勺將木片從油中取出，然後放在金屬架上冷卻。與您最喜歡的蘸醬一起食用。

## 31. 暇步士

品牌： 24 只 HUSH PUPPIES

## 原料：

- 1 杯玉米粥
- 1 杯自發麵粉
- 2 湯匙砂糖
- 1 茶匙大蒜粉
- ½ 茶匙粗鹽
- ½ 茶匙辣椒
- 1 個小黃洋蔥，切細丁
- 3 到 4 個蔥，切細丁
- 1 杯酪乳
- 1 個雞蛋
- 2 杯植物油，用於油炸

## 指示：

a) 在一個大碗中，將玉米粥、麵粉、糖、大蒜粉、鹽和辣椒混合。攪拌直至所有東西都沒有結塊，然後加入洋蔥、酪乳和雞蛋。將成分混合直至充分混合，但不要過度混合。

b) 在一個大湯鍋中，用中火加熱，加入油。油熱後，開始舀入約 2 湯匙麵糊，一次 4 到 5 個油炸玉米餅。將油炸玉米餅煎 3 至 4 分鐘，直至呈金黃色。食用前將它們從油中取出，放在襯有紙巾的盤子上。

## 32. 多香果奶酪和番茄三明治

份量：8 至 12 份

原料：

**對於奶酪醬：**

- ½ 杯蛋黃醬
- 4 盎司 奶油乾酪
- 3 杯切達干酪絲
- 1 罐（4 盎司）切丁的多椒，瀝乾
- 1 湯匙切碎的黃洋蔥
- 1 茶匙 蒜末
- 1 茶匙 伍斯特沙司
- ½ 茶匙黑胡椒粉

**對於西紅柿：**

- 1 杯自發麵粉
- 1 杯玉米粥
- ½ 茶匙粗鹽
- ½ 茶匙黑胡椒粉
- 2 個蛋
- ½ 杯酪乳
- 4 個大綠色西紅柿，切成 ½ 英寸厚
- 2 杯植物油，用於油炸
- 2 條法式麵包，縱向切成兩半

**指示：**

a) 在一個大碗中，將蛋黃醬和奶油乾酪混合，攪拌直至充分混合。加入切達干酪、多椒、洋蔥、大蒜、伍斯特沙司和黑胡椒。混合直至充分混合，蓋上碗，冷藏至少 6 小時。

b) 在一個中等大小的攪拌碗中，混合自發麵粉、玉米粥、鹽和黑胡椒。混合直至充分混合併放在一邊。

c) 在另一個中等大小的攪拌碗中，將雞蛋和酪乳混合，攪拌均勻。

d) 用紙巾將切好的西紅柿拍幹。將西紅柿浸入雞蛋混合物中，然後浸入麵粉混合物中。讓西紅柿靜置 5 分鐘。

e) 在一個大煎鍋中，用中火倒入植物油，直至 2 至 3 英寸深。加入西紅柿，炸 3 到 4 分鐘，直至呈金黃色。

f) 將多香果奶酪塗在法式麵包的下半部分，然後在上面放上炸西紅柿和法式麵包的上半部分。切成單獨的三明治即可食用。

## 33. 卡津炸蝦和牡蠣

品牌：4 份

原料：

1 磅新鮮去殼牡蠣

1 磅大生蝦，去皮，去腸

2 個雞蛋，分別輕輕打散

3/4 杯通用麵粉

½ 杯玉米粥

2 茶匙卡真調味料

½ 茶匙檸檬胡椒

2 杯植物油，用於油炸

指示：

a) 將牡蠣放入一個中等大小的碗中，然後將蝦放入另一個碗中。將雞蛋淋在蝦和牡蠣上（每碗 1 個雞蛋），並確保所有東西都塗得很好。將碗放在一邊。

b) 在一個大的自封冷凍袋中，加入麵粉、玉米粥、卡真調味料和檸檬胡椒。搖動袋子以確保所有東西都充分混合。將蝦放入袋子中並搖勻，然後取出蝦並將其放在烤盤上。現在將牡蠣添加到袋子中並重複該過程。

c) 在深煎鍋或煎鍋中，將植物油加熱至約 350 至 360 華氏度。將蝦煎至金黃色，大約需要 3 至 4 分鐘。然後將牡蠣煎至金黃色，大約 5 分鐘。將海鮮放在襯有紙巾的盤子上，以幫助吸收一些多餘的油。與您最喜歡的蘸醬一起食用。

## 34. 豆類和米飯漢堡

份量：4 份

**原料：**
- 1 杯煮熟的長粒米
- 1½ 杯 煮熟的斑豆，搗碎
- ½ 杯小麥粉（或白粉）
- 1 湯匙人造黃油或黃油
- 1 個中等大小的洋蔥——切丁
- 1 瓣大蒜——搗碎
- 1 湯匙 穗或調味鹽
- 1 杯 煮熟的土豆泥
- ½ 杯玉米粥
- ½ 杯 麩皮
- ½ 杯 碎小麥
- 1 個小辣椒 -- 切丁
- 1 根磨碎的胡蘿蔔

**指示：**

a) 用中火加熱塗有油脂的烤架或電煎鍋。

b) 添加所有成分並攪拌均勻。尋找"漢堡包"的稠度。

c) 將約 2 湯匙混合物舀到烤架或煎鍋上，為每個漢堡包用抹油的煎餅翻轉器壓平。

d) 翻轉幾次，而不是像傳統漢堡那樣每面只翻轉一次，這樣它們的質地會更好。

## 35. 玉米粥士力架

份量：4 份

原料：

- 1 杯房間無鹽黃油
- 溫度
- ⅓ 杯蜂蜜
- ⅓ 杯糖
- 2 個大雞蛋，室溫
- 細磨碎的熱情 1
- 檸檬
- ½ 茶匙香草精
- 1½ 杯 麵粉
- 1 杯玉米粥
- 1 茶匙發酵粉
- ½ 茶匙 鹽
- 將糖放入餅乾中捲起來

指示：

a) 將黃油、蜂蜜和糖攪打在一起。打入雞蛋，加入檸檬皮和香草精攪拌。在另一個碗中混合麵粉、玉米粥、泡打粉和鹽。

b) 分兩階段將乾成分攪拌到奶油混合物中，直至混合均勻。蓋上麵團並冷藏 3 小時。

c) 可以冷藏過夜。將烤箱預熱至 375 度，並在餅乾片上塗抹油脂。將麵團揉成 1¼ 英寸的球狀。將球放在糖中滾動，然後將它們放在相距約 2 英寸的床單上。

d) 烘烤 15 分鐘，直至頂部對手指的輕壓有輕微的抵抗力。

e) 放在架子上冷卻。

## 36. 玉米粥油條

做 4 份

原料：
- 1/2 杯 通用麵粉
- 1/2 杯玉米粥
- 1 茶匙發酵粉
- 1/4 茶匙鹽
- 捏點糖
- 1/2 杯 原味豆漿
- 2 杯新鮮或解凍的冷凍玉米粒
- 菜籽油或葡萄籽油，用於煎炸

指示：

a) 將烤箱預熱至 250°F。在一個大碗中，混合麵粉、玉米粥、泡打粉、鹽和糖。加入豆漿，然後加入玉米粒，攪拌均勻。

b) 在一個大煎鍋中，用中火加熱薄薄的一層油。將麵糊一湯匙倒入煎鍋中，煎至金黃色，翻轉一次，每面 2 至 3 分鐘。將煮熟的油條轉移到耐熱盤中，並在烹飪其餘部分時在烤箱中保溫。立即上菜。

## 37. 玉環鑫蒲燒雞

品牌： 36 份

**原料：**
- 1½ 杯玉米粥
- 1 杯 麵粉，篩過的通用麵粉
- ⅓杯糖
- 1 湯匙泡打粉
- 1 茶匙 鹽
- 1½ 杯 牛奶
- 3/4 杯黃油，融化，冷卻
- 2 顆雞蛋，稍微打散
- ½ 磅 熏火雞胸肉，切成薄片
- ½ 杯蔓越莓醬或蜂蜜芥末

**指示：**

a) 將烤箱預熱至 400 度。給迷你鬆餅罐塗黃油。將玉米粥、麵粉、糖、泡打粉和鹽放入大碗中。將牛奶、黃油和雞蛋放入中型碗中混合。將牛奶混合物攪拌到玉米粥混合物中，直至剛好濕潤。將麵糊舀入迷你鬆餅罐中。

b) 烘烤 14-16 分鐘，直至呈金黃色。放在金屬架上冷卻五分鐘。從鍋中取出並完全冷卻。

## 38. 豆腐形狀

原料：
- 烹飪噴霧
- 2 湯匙海鮮醬
- 2 湯匙醬油
- 1 湯匙水
- 1 包（14-16 盎司）硬豆腐，沖洗並瀝乾，切成 1/2 英寸厚的形狀
- 1 杯全麥麵粉
- ¼ 杯玉米粥
- ¼ 茶匙幹芥末
- 1 茶匙鹽

指示：

a) 將烤箱預熱至 400°F。在烤盤上塗上烹飪噴霧。

b) 在一個淺盤中，將海鮮醬、醬油和水混合在一起。加入豆腐形狀並在室溫下醃製 15 分鐘。

c) 在另一個淺盤中，將麵粉、玉米粥、芥末和鹽混合在一起。

d) 將豆腐形狀瀝乾，放入麵粉混合物中，塗上所有側面。

e) 將撒了麵粉的形狀放在烤盤上。

f) 烘烤 15 分鐘或直至酥脆。

g) 如果需要的話，可以將形狀與最喜歡的醬汁一起食用。

# 39. 玉米狗

原料：

- 1-1/3 杯 玉米粥
- 2/3 杯麵粉
- 1 湯匙糖
- 1 茶匙幹芥末
- 1 茶匙發酵粉
- 加鹽調味
- 1/2 杯牛奶
- 1 個雞蛋，輕輕打散
- 1 湯匙融化的起酥油
- 6 法蘭克福
- 6 串或棒

指示：

a) 將油加熱至 375°F 進行油炸。

b) 在一個大碗中，混合玉米粥、麵粉、糖、芥末、泡打粉和鹽。攪拌均勻。

c) 加入牛奶、雞蛋和起酥油，攪拌直至非常光滑。將混合物倒入一個高玻璃杯中。

d) 把法蘭克福香腸放在棍子上。將它們浸入玉米粥麵糊中，使其均勻地覆蓋。

e) 油熱至 375 度，炸至金黃色，約兩分鐘。用紙巾瀝乾。

**40.** 阿雷帕斯

原料：
- 2 杯速溶玉米粥（快速烹飪）
- 1 茶匙鹽
- 2 杯熱水
- 2 湯匙融化的黃油
- 煎炸用橄欖油或菜籽油

指示：

a) 將玉米粥放入碗中，加入水和融化的黃油，用大勺攪拌直至充分混合。

b) 形成約 15 個大小相等的球。將球放在蠟紙或油表面上（如果放在不光滑的表面上，它們會粘住）。用抹刀將每個球壓成周長約三英寸的厚蛋糕。

c) 與此同時，在重煎鍋中用中火加熱一到兩湯匙油。一切準備就緒後，將盡可能多的玉米餅放入鍋中。

d) 將玉米餅炒至一側外側呈硬皮棕色。將每一個翻過來，另一面變成棕色。小心不要燒著它們。

e) 煮熟所有玉米餅並放在一邊。

f) 準備填充時，水平分成兩半。填入奶酪、肉或蔬菜餡，趁熱吃。

g) 做了 15 個。

**41. 山羊奶酪玉米粥配曬乾番茄**

份量：4 份

原料：
- 1 杯加 2 湯匙黃色玉米粒
- 2 罐（14 1/2 盎司）脫脂雞湯
- 2 瓣大蒜，壓榨或切碎
- 6 盎司 山羊奶酪，碎的
- ½ 杯曬乾的西紅柿，切成火柴棍大小的條

指示：

a) 將粗玉米粉、雞湯和大蒜放入帶有緊密蓋子的大平底鍋中。

b) 用中火煮沸，經常攪拌。

c) 將火調小，煮 20 分鐘，偶爾攪拌。從火上移開，拌入山羊奶酪和曬乾的西紅柿。

d) 在烤盤上噴上不粘烹飪噴霧。

e) 將粗磨混合物舀入盤中，然後用濕手按壓，使其均勻分佈。

f) 冷卻至室溫並冷藏。

g) 充分冷卻後，放在切菜板上，切成 64 塊作為開胃小菜。

## 42. 玉米粥漿果鬆餅

份量：12 份

## 原料：

- 1 杯通用麵粉
- 1 杯玉米粥
- 2 湯匙糖
- 1 茶匙發酵粉
- 1/4 茶匙 鹽
- 1 個大雞蛋
- 1 杯 1% 低脂牛奶
- 1 湯匙黃油或人造黃油--
- 融化了
- 1 杯 藍莓，或乾的
- 蔓越莓——沖洗並瀝乾

## 指示：

a) 在一個大碗中，將麵粉、玉米粥、糖、泡打粉和鹽攪拌在一起。在另一個碗中，攪打雞蛋，與牛奶和黃油混合。

b) 將雞蛋混合物加入乾原料中，攪拌直至濕潤。混合漿果。將麵糊均勻地舀入 12 個塗了油的 2.5 英寸鬆餅杯中。在 425 F 烤箱中烘烤 20 至 25 分鐘，直至鬆餅變成棕色。冷卻 5 至 10 分鐘，然後從鍋中倒轉，趁熱或在室溫下食用。

# 主菜

## 43. 熱意大利煎鍋披薩

製作：1 個大披薩

## 原料：

- 橄欖油，一湯匙
- 一個洋蔥，切片
- 一個青椒，切片
- 切片意大利香腸，3.5 盎司
- 新鮮蘑菇切片，1/4 杯
- 玉米粥，1 片
- 意大利麵醬，四分之一杯
- 馬蘇里拉奶酪絲，1 盎司

## 指示：

a) 在煎鍋中加入油，將香腸、洋蔥、甜椒和蘑菇煮 10 至 15 分鐘。

b) 放入玉米粥，每面煮 5 分鐘。

c) 將香腸混合物放在玉米粥上，然後放入意大利麵醬和馬蘇里拉奶酪。

d) 烘烤 5 至 10 分鐘。

## 44. 西南玉米粥麵包

製作：1條麵包

指示：

- 植物油噴霧
- 3杯水
- 3/4 杯玉米粉 粗玉米粉
- 2-3 湯匙阿勃勒或芝麻醬
- 1/4 茶匙鹽
- 1 杯冷凍或乾燥玉米棒子上切下的甜玉米
- ½ 杯研磨過的光滑或多塊

指示：

a) 使用9 x 5 英吋的麵包盤 單層使用較厚的麵包或開烤盤
b) 麵包盤鋪有或襯紙，可能需要取出
c) 平衡部分：搭配選擇的穀物成分 如米 藜麥或米 或麵屑 豆類 土豆 紅薯玉米會加水分和量
d) 麵屑磨粉的麻與混合有助製作更易行的麵屑 用香蕉碎切脆膳食膜日切麻子
e) 要精鹽請選擇加的海藻 切斷機靈別柑
f) 要甜麵末請加中多塊選擇甲料粉
g) 為酥脆 輕快材者重要相日葵芝麻 在挑者混合
h) 無論您家活味 如果不喜歡蔥 可減少一下膳食辣椒 或加些蘑 您還可擠入量龍舌蘭龍來讓其地趙
i) 如您切確返是烤熱 最再考 分鐘等時10 分鐘然後即可以
j) 麵粉量上層的 需要頭 無擔的汁意杯匙量莎醬 烤者 甚是焗菜

## 45. 松露蘑菇配奶酪玉米粥

品牌：4

**原料：**

- 700 克混合蘑菇
- 3 湯匙橄欖油
- 4 瓣大蒜，去皮並切碎
- 50 克牛肝菌松露醬
- 250 毫升雙倍奶油
- 1 湯匙切碎的龍蒿
- 1 湯匙百里香葉
- 松露油，佐餐
- 對於奶酪玉米粥
- 1.5–2 升蔬菜高湯
- 2 根迷迭香小枝，葉子切碎
- 200 克速煮玉米粥
- 50 克 帕爾馬干酪，精細磨碎，另加額外食用
- 100 克塔萊吉奧奶酪，切成方塊
- 40 克黃油
- 海鹽和現磨黑胡椒

**指示：**

a) 將玉米粥的原料倒入一個大平底鍋中，然後用中火加熱。

b) 同時，將各種蘑菇切成 2.5 厘米相等的塊。

c) 將一個大的不粘煎鍋放在高溫下，加入一半的油。熱時，加入一半蘑菇，煎 2-3 分鐘，或直至呈金黃色。用廚房紙吸乾水分，然後加熱剩餘的油，煎剩下的蘑菇。放在廚房用紙上。

d) 將大蒜放入鍋中煮 1 分鐘，然後加入牛肝菌醬、奶油和香草。用中火煮 3-4 分鐘，或直到醬汁變得非常濃稠。

e) 與此同時，將迷迭香加入熱湯中，增加熱量並倒入玉米粥。煮 3-5 分鐘，或直至變軟。加入帕爾馬干酪和塔萊吉奧干酪，調味。最後，加入黃油攪拌直至融化。保持溫暖。

f) 將蘑菇加入奶油醬中，然後重新煮沸。調味。

g) 將玉米粥盛入碗中，用勺子將蘑菇醬澆在上面。食用前加入少許松露油、少許黑胡椒和少許帕爾馬干酪。

# 46. 酱油蘑菇

品牌：4-6

## 原料：

- 400 毫升牛奶
- 50 克黃油
- 50 克玉米粥或黃色玉米粥
- 40 克法式鮮奶油
- 75 克 帕爾馬干酪，磨碎，另加備用
- 鹽和黑胡椒
- 4-6 根豬肉或野豬香腸
- 對於醬油蘑菇
- 50 毫升植物油
- 1 個小洋蔥，切丁
- 2 瓣蒜，壓碎
- 400 克混合野生蘑菇
- 60 毫升生抽
- 60 毫升水
- 3 顆蔥，切碎
- 4 湯匙 平葉歐芹，切碎

## 指示：

a) 製作粗燕麥粉時，將牛奶和黃油在中型平底鍋中煮沸。

b) 加入粗玉米粉或玉米粥，煮 3 分鐘，不斷攪拌。從火上移開並稍微冷卻。

c) 加入法式酸奶油和帕爾瑪乾酪，調味，蓋上保暖。

**47.** 瑞士甜菜烤玉米粥

服務 8

**原料：**
- 烹飪噴霧
- 1 至 1½ 杯低鈉蔬菜湯
- 1 管（18 盎司）準備好的玉米粥，切丁
- 2 盎司（3/4 杯）磨碎的帕爾馬干酪
- 1 個雞蛋，輕輕打散
- 1 湯匙橄欖油
- 1 個小洋蔥，切丁
- 4 瓣蒜，切碎
- 1 大束瑞士甜菜
- 2 杯水，根據需要添加更多
- 1 茶匙紅辣椒片

**指示：**

a) 在一個中等大小的平底鍋中，將 1 杯肉湯煮沸。加入切塊的玉米粥，用木勺搗碎，根據需要添加更多肉湯，以達到光滑的稠度。

b) 一旦玉米粥變得光滑並加熱透，將鍋從火上移開，加入 ½ 杯奶酪和雞蛋。

c) 用中高火將大煎鍋加熱油。加入洋蔥和大蒜，不斷攪拌，直至洋蔥變軟，大約需要 5 分鐘。

d) 將瑞士甜菜與 ½ 杯水一起加入，煮約 3 分鐘，不時攪拌，直至甜菜枯萎。加入紅辣椒片攪拌。

e) 將一半玉米粥舖在準備好的烤盤中。接下來添加瑞士甜菜，將其鋪開以覆蓋玉米粥。將剩餘的玉米粥舖在上面，撒上剩餘的 1/4 杯奶酪。

f) 將玉米粥放入烤箱烘烤約 20 分鐘，直至冒泡。

## 48. 玉米粥烤寬麵條

**原料：**

- 不粘烹飪噴霧
- 1 杯優質馬力拉醬
- 約 ½ 管預煮玉米粥，切成三片 ½ 英寸厚的圓形
- 3 湯匙。加 1 茶匙。馬蘇里拉奶酪絲

**指示：**

a) 噴灑 16 盎司的內部。帶有烹飪噴霧的杯子。

b) 將 ¼ 杯醬汁添加到杯子底部，然後添加一輪玉米粥，然後添加 1 湯匙。奶酪。再重複分層兩次。添加剩餘的 1/4 杯醬汁，然後添加剩餘的 1 茶匙。奶酪。

c) 蓋上鍋蓋，煮至熱，大約 3 分鐘。

## 49. 早晨玉米粥加楓糖漿

做 4 份

原料：
- 2 杯水
- 1 茶匙鹽
- 1 杯玉米粥
- 2 湯匙純素人造黃油
- 1/4 杯純楓糖漿

指示：

a) 在一個大平底鍋中，用高溫將水煮沸。添加鹽並在玉米粥中攪拌。將熱量降至最低。煮，攪拌，直到水被吸收，大約 15 分鐘

b) 關掉火，加入人造黃油攪拌。用勺子舀入 4 個碗中，淋上楓糖漿，即可食用。

## 50. 玉米粥配烤菠蘿和草莓醬

做 4 份

**原料：**

**玉米粥**

- 2 杯水
- 3/4 茶匙鹽
- 1 杯 中等玉米粥
- 1/4 杯糖
- 2 湯匙純素人造黃油
- 1 湯匙菜籽油或其他中性油

**配料**

- 1/4 杯糖
- 2 杯 去殼草莓
- 1 茶匙新鮮檸檬汁
- 1 個菠蘿，去皮、去核，切成 1/2 英寸的片

**指示：**

a) 製作玉米粥：在大平底鍋中將水煮沸。

b) 將火調至中火，加入鹽，然後慢慢拌入玉米粥。

c) 把火調小，加入糖和人造黃油，繼續煮，經常攪拌，直到濃稠，大約需要 15 分鐘。

d) 將玉米粥舀入塗有油脂的淺烤盤中，冷藏至少 30 分鐘直至變硬。將烤箱預熱至 375°F。

e) 將玉米粥切成份量大小，然後將它們放在塗有油脂的烤盤上。在頂部刷上油，烘烤約 20 分鐘，直至變熱並呈金黃色。

f) 製作配料：在食品加工機中，將糖、1 杯草莓和檸檬汁混合，攪拌均勻。

g) 轉移到一個小碗中並放在一邊。預熱烤架。將剩餘的草莓切成薄片並放在一邊。

h) 將菠蘿片兩面烤至出現烤痕。

i) 每盤放一份玉米粥，上面放上烤菠蘿，淋上草莓醬，然後撒上草莓片。

## 51. 美味奶油玉米粥

原料：
- 164 g（1 杯）玉米粥或中度研磨
- 60 毫升（1/4 杯）濃奶油或半奶油
- 玉米粥（可選）
- 940 毫升（4 杯）水或蔬菜高湯
- 50 克（1/2 杯）磨碎的帕爾馬干酪
- 1 茶匙粗鹽或細海鹽

指示：

a) 將玉米粥、水和鹽放入電壓力鍋的內鍋中。攪拌均勻。

b) 蓋上並鎖上蓋子，並確保蒸汽釋放手柄處於密封位置，然後再高溫烹飪 5 分鐘。

c) 完成後，讓壓力自然釋放 12 分鐘。然後將蒸汽釋放手柄轉到排氣位置，釋放剩餘的蒸汽。

d) 打開蓋子並小心打開。

e) 用攪拌器充分攪拌，直到混合物變得奶油狀且光滑，確保打散結塊。如果需要，可加入奶油以增加濃郁度。舀入碗中，撒上奶酪（如果使用）即可食用。

## 52. 玉米粥配豐富的蘑菇肉汁

份量：4 份

原料：
## 玉米粥
- ¼ 杯椰子油
- 1 湯匙切碎的蔥
- 3 瓣大蒜，切碎
- 1 茶匙幹羅勒
- ½ 杯幹白葡萄酒，例如霞多麗
- 3 杯蔬菜湯
- ⅓ 杯切碎的羅馬番茄
- ½ 茶匙鹽
- 1 杯玉米粥

## 蘑菇濃汁
- 2 湯匙特級初榨橄欖油
- 1 磅蘑菇，切片
- 1 湯匙切碎的青蔥
- 1 瓣大蒜，切碎
- 3 湯匙麵粉
- 2 杯蔬菜湯
- ½ 茶匙鹽
- 1/4 茶匙黑胡椒粉
- 1 杯 高壓鍋嫩肉餅，碎

## 指示：

### 玉米粥

a) 在 9 英寸的方形烤盤上塗上油脂。

b) 在大平底鍋中用中高火加熱椰子油。加入蔥，煮 3 至 5 分鐘或直至變軟。加入大蒜和羅勒，再煮一分鐘。加入酒攪拌並煮沸。減少熱量並煮 5 分鐘。加入肉湯、西紅柿和鹽。煮沸，然後降低熱量並加入玉米粥。煮並攪拌 15 至 20 分鐘，或直至玉米粥變稠並從鍋邊脫離。

c) 倒入準備好的平底鍋中，均勻地舖在四個角上。放置一邊冷卻至室溫。這應該需要大約 20 到 30 分鐘。

### 蘑菇濃汁

d) 當玉米粥冷卻時，製作蘑菇肉汁：在煎鍋中加熱橄欖油。加入蘑菇，炒 10 至 15 分鐘。加入青蔥，炒 3 至 5 分鐘。加入大蒜和麵粉，再煮 1 分鐘。加入蔬菜湯、鹽和胡椒。煮沸，然後調至中火，煮約 5 分鐘或直至稍微變稠。加入碎肉餅，再煮 5 分鐘以熱透。

e) 將玉米粥切成方塊，將一兩片放在盤子上，上面澆上蘑菇肉汁。

## 53. 醬油蘑菇

品牌：4-6

原料：
- 400 毫升牛奶
- 50 克黃油
- 50 克玉米粥或黃色玉米粥
- 40 克法式鮮奶油
- 75 克 帕爾馬干酪，磨碎，另加備用
- 鹽和黑胡椒
- 4-6 根豬肉或野豬香腸

醬油蘑菇
- 50 毫升植物油
- 1 個小洋蔥，切丁
- 2 瓣蒜，壓碎
- 400 克混合野生蘑菇
- 60 毫升生抽
- 60 毫升水
- 3 顆蔥，切碎
- 4 湯匙 平葉歐芹，切碎

指示：

a) 製作粗燕麥粉時，將牛奶和黃油在中型平底鍋中煮沸。

b) 加入粗玉米粉或玉米粥，煮 3 分鐘，不斷攪拌。從火上移開並稍微冷卻。

c) 加入法式酸奶油和帕爾瑪乾酪，調味，蓋上保暖。

## 54. 瑞士甜菜烤玉米粥

品牌：8

**原料：**

- 烹飪噴霧
- 1 至 1½ 杯低鈉蔬菜湯
- 1 管（18 盎司）準備好的玉米粥，切丁
- 2 盎司（3/4 杯）磨碎的帕爾馬干酪
- 1 個雞蛋，輕輕打散
- 1 湯匙橄欖油
- 1 個小洋蔥，切丁
- 4 瓣蒜，切碎
- 1 大束瑞士甜菜


- 2 杯水，根據需要添加更多
- 1 茶匙紅辣椒片

**指示：**

a)　在一個中等大小的平底鍋中，將 1 杯肉湯煮沸。加入切塊的玉米粥，用木勺搗碎，根據需要添加更多肉湯，以達到光滑的稠度。

b)　一旦玉米粥變得光滑並加熱透，將鍋從火上移開，加入 ½ 杯奶酪和雞蛋。

c)　用中高火將大煎鍋加熱油。加入洋蔥和大蒜，不斷攪拌，直至洋蔥變軟，大約需要 5 分鐘。

d) 將瑞士甜菜與 ½ 杯水一起加入，煮約 3 分鐘，不時攪拌，直至甜菜枯萎。加入紅辣椒片攪拌。

e) 將一半玉米粥鋪在準備好的烤盤中。接下來添加瑞士甜菜，將其鋪開以覆蓋玉米粥。將剩餘的玉米粥鋪在上面，撒上剩餘的 1/4 杯奶酪。

f) 將玉米粥放入烤箱烘烤約 20 分鐘，直至冒泡。

## 55. 奶油玉米粥

份量：4 份

**指示：**

- 2½ 杯水
- ½ 杯玉米粥
- ½ 茶匙 鹽
- 2 湯匙磨碎的帕爾馬干酪
- 1 茶匙橄欖油
- ⅛ 茶匙 黑胡椒

將 1 夸脫可用於微波爐的水、玉米粥和鹽攪拌在一起。微波爐，不蓋蓋子，高火加熱 5 分鐘

攪拌均勻。用蠟紙蓋住。微波爐高火再加熱 5 分鐘

加入帕爾馬干酪、油和胡椒粉；攪拌至光滑。

用勺子舀到盤子裡即可上桌

## 56. 玉米粥烤寬麵條

**原料：**
- 不粘烹飪噴霧
- 1 杯優質馬力拉醬
- 約 ½ 管預煮玉米粥，切成三片 ½ 英寸厚的圓形
- 3 湯匙。加 1 茶匙。馬蘇里拉奶酪絲

**指示：**

a) 噴灑 16 盎司的內部。帶有烹飪噴霧的杯子。

b) 將 ¼ 杯醬汁添加到杯子底部，然後添加一輪玉米粥，然後添加 1 湯匙。奶酪。再重複分層兩次。加入剩餘的 1/4 杯醬汁，然後加入剩餘的 1 茶匙。奶酪。

c) 蓋上鍋蓋，煮至熱，大約 3 分鐘。

## 57. 玉米粥加楓糖漿

品牌：4 至 6

## 原料：

- 2 杯水
- 1 茶匙鹽
- 1 杯玉米粥
- 2 湯匙純素人造黃油
- 1/4 杯純楓糖漿

## 指示：

a) 在一個大平底鍋中，用高溫將水煮沸。添加鹽並在玉米粥中攪拌。將熱量降至最低。煮約 15 分鐘，攪拌直至水被吸收。

b) 關掉火，加入人造黃油攪拌。用勺子舀入 4 個碗中，淋上楓糖漿，即可食用。

## 58. 甜玉米粥配烤菠蘿

品牌：4

**原料：**
**玉米粥**
- 2 杯水
- 3/4 茶匙鹽
- 1 杯 中等玉米粥
- 1/4 杯糖
- 2 湯匙純素人造黃油
- 1 湯匙菜籽油或其他中性油

**配料**
- 1/4 杯糖
- 2 杯 去殼草莓
- 1 茶匙新鮮檸檬汁
- 1 個菠蘿，去皮、去核，切成 1/2 英寸的片

**指示：**

a) 製作玉米粥：在大平底鍋中將水煮沸。將火調至中火，加入鹽，然後慢慢拌入玉米粥。把火調小，加入糖和人造黃油，繼續煮，經常攪拌，直到濃稠，大約需要 15 分鐘。

b) 將玉米粥舀入塗有油脂的淺烤盤中，冷藏至少 30 分鐘直至變硬。將烤箱預熱至 375°F。

c) 將玉米粥切成份量大小，然後將它們放在塗有油脂的烤盤上。在頂部刷上油，烘烤約 20 分鐘，直至變熱並呈金黃色。

d) 製作配料：在食品加工機中，將糖、1 杯草莓和檸檬汁混合，攪拌均勻。轉移到一個小碗中並放在一邊。預熱烤架。將剩餘的草莓切成薄片，放在一邊。將菠蘿片兩面烤至出現烤痕。

e) 每盤放一份玉米粥，上面放上烤菠蘿，淋上草莓醬，然後將草莓片撒在上面。

## 59. 黑山玉米粥

原料：

- 2-3 個土豆
- 1/2 湯匙 鹽
- 800 毫升水
- 1 杯 玉米粉
- 100 毫升 牛奶
- 2 湯匙 奶油乾酪
- 1 湯匙 酸奶油

指示：

a) 將土豆去皮並切成兩半。把土豆放進去煮，水燒開後倒入玉米粉。

b) 煮沸十分鐘，然後調小火，再煮半小時。

c) 用木勺攪拌均勻，使土豆和麵粉充分混合。將混合物放置 5 分鐘。

d) 在平底鍋中倒入牛奶，加入奶油乾酪和酸奶油。

e) 大火燒熱一點，攪拌一下，然後加入土豆和麵粉的混合物，煮沸，攪拌，就完成了。

## 60. 黃尾鯛魚配芒果

份量：4 份

原料：
- 4 片鯛魚片，去皮
- 1 杯玉米粥
- 2 湯匙特級初榨橄欖油；分為
- 2 個青蔥；切細碎
- 3 湯匙龍蒿酒醋
- ¼ 杯龍舌蘭酒
- 1 杯 雞湯
- ¼ 杯濃縮橙汁
- 1½ 杯 芒果；切丁
- 2 湯匙新鮮韭菜；切碎的
- 鹽和新鮮胡椒粉調味

指示：

a) 將烤箱加熱至 375 度。將每塊魚片浸入玉米粥中，然後除去多餘的灰塵。

b) 在一個足以容納魚片而不擁擠的耐熱炒鍋中，加熱 1 湯匙橄欖油。加入鯛魚，炒 1 分鐘。把魚片翻過來；然後將鍋轉移到烤箱中，將魚烤 4 到 5 分鐘。魚應該是不透明的，而不是半透明的。

c) 烤魚時，在中型平底鍋中加熱 1 湯匙橄欖油。將青蔥瀝乾，待其呈半透明狀時，加入醋。讓其減少直至幾乎乾燥。添加龍舌蘭酒並使其減少一半。加入高湯、濃縮橙汁和芒果。煮 5 分鐘。

d) 倒入攪拌機並加工直至非常光滑。加入韭菜並調整調味料。

e) 將約 2 湯匙醬汁舀到每個餐盤上，然後將煮熟的魚放在中間。

f) 為了呈現出美麗的外觀，可以用芒果丁或紫色羅勒和細香蔥裝飾。

## 61. 玉米麵包簪

原料：

- 1 杯玉米粥
- 1 杯麵粉
- 2 茶匙發酵粉
- 3/4 茶匙鹽
- 1 杯牛奶
- ¼ 杯植物油

指示：

a) 混合成分，加入液體，用勺已鹽油加熱約10 或 12 英寸鑄鐵鍋。
b) 蓋緊
c) 用火烤20 至 30 分鐘或直到麵熟。
d) 在煤炭待請好像放低烤上，煤的環王架或煨放煤上，將放蓋頂部使量分佈均勻。
e) 烤食品底部易燒，為防止燒焦請於煤上有檢查溫度。
f) 將放煤製方約英寸處，它應狀熱但煤者擦手保持該的位置秒鐘。

## 62. 煎羊肚菌

原料：
- 一批羊肚菌，切成兩半，清洗並浸泡
- 2 杯 玉米粥
- 1/4 牛奶
- 1 個鄉村雞蛋
- 1 杯 培根油
- 1 湯匙黑胡椒

指示：

a) 在一個寬淺碗中：將 1 個鄉村雞蛋與 1/4 杯混合。牛奶

b) 在厚紙袋中：添加 2 c. 玉米粥 1 噸。黑胡椒混合進去。

c) 在一個經過充分調味的深鑄鐵煎鍋中，將培根油脂融化 1 英寸深。

d) 讓它變得又好又熱，但不要吸煙。

e) 現在將蘑菇浸入牛奶和雞蛋的混合物中，讓它們在油脂加熱時浸泡一點。

f) 從碗中取出一把，稍微搖晃一下，去掉多餘的液體，然後將它們放入玉米粥袋中。

g) 用手握住袋子底部，以免袋子破裂，然後輕輕搖晃。

h) 添加更多蘑菇，每次添加後輕輕搖晃。

i) 當它們都塗得很好時，開始將它們單層放入熱煎鍋中。

j) 盡量只轉動一次，這樣你的塗層就能更好地保持。

## 63. 丹貝炸玉米餅

製作：3 至 4 份

**原料：**
- 油，用於平底鍋
- 1 包（8 盎司）豆豉
- 1/4 杯不加糖米漿
- 1 湯匙 第戎芥末
- 1 湯匙醬油或醬油 ½ 茶匙辣椒粉
- 2 湯匙紅皮藻片
- 1 湯匙營養酵母
- ¼ 杯玉米粥
- 13.杯 panko 式麵包屑
- 1 湯匙竹芋玉米餅，用於炸玉米餅
- 1 個鱷梨，切片

**指示：**

a)　將烤箱預熱至 350 華氏度。在烤盤上噴油。將豆豉切成 2 英寸長、1/2 英寸厚的塊。將濕配料攪拌在一起：然後放在一邊。

b)　將乾燥的原料放入食品加工機中，攪拌幾次，直到混合物變成細麵粉。放入小碗中。將每塊豆豉放入米漿混合物中，然後拌入麵包屑混合物。

c)　將其放在烤盤上，分成三排，間隔約一英寸。在碎片頂部噴油，然後烘烤 15 分鐘。翻轉並再烘烤 15 分鐘。

d)　立即與鱷梨片和芒果桃莎莎醬一起放入玉米餅中。

## 64. 麵筋配鳳尾魚墨西哥辣椒醬

品牌：4

**原料：**
- 2 湯匙橄欖油
- 1 個中等大小的洋蔥，切碎
- 2 根中等大小的胡蘿蔔，切碎
- 2 瓣蒜，切碎
- 1 個（28 盎司）可以壓碎火烤西紅柿
- 1/2 杯蔬菜湯
- 2 幹鳳尾魚辣椒
- 1 幹智利辣椒
- 1/2 杯玉米粥
- 1/2 茶匙鹽
- 1/4 茶匙現磨黑胡椒
- 1 磅麵筋

**指示**

a) 在一個大平底鍋中，用中火加熱 1 湯匙油。加入洋蔥和胡蘿蔔，蓋上鍋蓋，煮 7 分鐘。

b) 加入大蒜，煮 1 分鐘。拌入西紅柿、肉湯、鳳尾魚和墨西哥辣椒。不蓋蓋子，小火煮 45 分鐘，然後將醬汁倒入攪拌機中，攪拌至光滑。返回鍋中，用小火保溫。

c) 在一個淺碗中，將玉米粥與鹽和胡椒混合。將麵筋放入玉米粥混合物中，均勻塗抹。

d) 在一個大煎鍋中，用中火加熱剩餘的 2 湯匙油。加入麵筋，煮至兩面焦黃，總共約 8 分鐘。立即與智利醬一起食用。

## 65. 玉米粥頂火雞辣椒派

品牌：8

**原料：**
- 6 湯匙菜籽油
- 3/4 杯通用麵粉
- 2 茶匙發酵粉
- 1 個雞蛋，打散
- 1 個洋蔥，切碎
- 3/4 杯細玉米粥
- 2 瓣蒜，切碎
- 1½ 茶匙粗鹽
- 烹飪噴霧
- 2 罐（14.5 盎司）火烤西紅柿，不瀝乾
- 1½ 磅瘦火雞
- 4 盎司 切達干酪，切碎
- 1 杯無鹽雞湯
- 2 湯匙辣椒粉
- 新鮮香菜葉
- 15 盎司罐裝黑豆，瀝乾並沖洗
- 3/4 杯 2% 脫脂牛奶

**指示：**

a) 在煎鍋中，加熱 2 湯匙油。

b) 加入火雞和洋蔥，炒約 7 分鐘直至變成棕色。

c) 加入大蒜、辣椒粉和 1 茶匙鹽，炒約 1 分鐘。

d) 轉移到已噴灑烹飪噴霧的鍋中。

e) 加入西紅柿、高湯和豆類，直至充分混合。

f) 篩入發酵粉、麵粉、玉米粥和剩餘的鹽。

g) 加入雞蛋、牛奶、奶酪和剩餘的菜籽油，製成麵糊。

h) 將玉米粥麵糊倒在慢燉鍋中的火雞混合物上。煮 4 小時 30 分鐘。

## 66. 西蘭花砂鍋

品牌：4

**原料：**
- 1 大包西蘭花
- 1 罐奶油蘑菇湯
- 2 個蛋
- 2 杯融化的切達干酪，磨碎
- ½ 塊黃油
- 2 杯玉米麵包屑
- 2 塊大雞胸肉

**指示**

a) 用小火將西蘭花和雞肉煮 20 分鐘，瀝乾，放在一邊冷卻。製作中等大小的骰子。

b) 打散雞蛋，混合湯、奶酪和雞蛋。

c) 添加雞肉和西蘭花。

d) 在煎鍋中，融化黃油並加入玉米粥麵包屑。

e) 將烤箱預熱至 350 度，蓋上蓋子烘烤砂鍋 35 分鐘，不蓋蓋子烘烤 10 分鐘。這將使砂鍋菜的頂部有一層美妙的外殼。

f) 享受！

## 67. 烤奶酪湯糰

份量：50 份

原料：
- 3 夸脫水
- 9 杯 牛奶
- 2 湯匙 粗鹽
- 1 茶匙 新鮮磨碎的肉荳蔻
- 6 杯 玉米粥
- 1 杯 無鹽黃油
- 3 杯 帕爾馬干酪
- 3/4 杯煮熟的培根
- 3/4 杯歐芹
- ⅓ 杯 蔥
- 18 雞蛋
- 1 湯匙 現磨白胡椒
- 9 杯 瑞士奶酪
- 1 杯 橄欖油
- 1 湯匙 肉桂粉

**指示：**

a) 將水、牛奶、鹽和肉荳蔻放入鍋中，用中火加熱。

b) 將火慢慢調小，加入玉米粥，繼續攪拌直至變稠。

c) 離火，拌入黃油、帕爾馬干酪、培根、歐芹、蔥、雞蛋和黑胡椒。

d) 充分混合併倒入平底鍋中，厚度為 1/4 英寸。

e) 用餅乾刀切成 2 英寸的圓形。

f) 將圓形放入塗有黃油的平底鍋中，並在每個圓形上放一湯匙磨碎的瑞士奶酪。

g) 輕輕淋上橄欖油。

h) 在 350 度的溫度下烘烤直至酥脆並呈金黃色。

i) 用肉桂粉裝飾，趁熱享用。

# 湯和燉菜

## 68. 黑豆韭菜花湯

製作： 1 份

**原料：**
- 1 磅幹黑豆
- 每湯匙 1 湯匙無鹽黃油
- 1 杯 切碎的野洋蔥
- 3 蒜瓣，去皮，
- 4 玉米餅
- 1 杯 葵花籽油
- ½ 杯粗磨藍色玉米粥，壓碎
- 1 茶匙 鹽
- ¼ 茶匙 黑胡椒
- 10 杯 水
- 紫香蔥花、切碎的香蔥和酸奶油裝飾

**指示：**

a) 將豆子浸泡在水中過夜以覆蓋它們。第二天，瀝乾豆子。

b) 在平底鍋中融化黃油。

c) 加入野洋蔥，炒至半透明，大約 3 分鐘。

d) 加入大蒜，再炒 1 分鐘，然後加入瀝乾的豆子、鹽、胡椒粉和 4 杯水。

e) 用大火煮沸，然後轉小火，蓋上蓋子，煮 30 分鐘，偶爾攪拌，以免燒焦豆子。

f) 再加入 4 杯水，不蓋蓋子再煮 30 分鐘，偶爾攪拌一下。

g) 加入剩餘的 2 杯水，煮 20 分鐘，直到豆子變軟但仍然堅硬。煮豆子的同時，準備玉米片。

h) 將玉米餅堆放在工作檯面上。用鋒利的刀將圓形玉米餅切成 3 個互鎖的三角形。

i) 將煎鍋中的油加熱至非常熱但不冒煙。

j) 小心地將每個玉米餅三角形放入油中。

k) 讓玉米餅煮 30 秒，然後用叉子將玉米餅翻過來，然後對剩餘的玉米餅重複此過程。

l) 將薯片從油中取出，並將每個薯片的一角浸入藍色玉米粥中。

m) 放在紙巾上，瀝乾多餘的油。

n) 用薯片、紫香蔥花和切碎的香蔥裝飾湯。

o) 趁熱與酸奶油一起食用。

## 69. 鹿肉辣椒

原料：

- ½ 磅 花豆或紅豆
- 4 磅。粗切碎的鹿肉（頸肉、側肉、板肉、胸肉、圓肉、後腿肉、小腿肉） 1½ 噸。小茴香種子
- 1/2c。切碎的板油或豬腹肉切成切絲條
- 6 個大小合適的洋蔥，切碎
- 2-4 瓣大蒜，切碎
- 1 噸。牛至
- 3 噸新鮮辣椒粉
- 1 大罐意大利去皮西紅柿
- 1 小罐青辣椒
- 鹽和胡椒
- 少許塔巴斯科辣醬（可選）
- 2 噸速溶 masa harina 或玉米粥

指示：

a) 將豆子洗淨，加清水沒過，煮沸，小火煮 2 分鐘；蓋緊蓋子靜置 1 小時。將肉切成 1 英寸的方塊（如果不含脂肪，最好是燉肉）。

b) 將小茴香籽放入煎鍋中，中火加熱，不斷攪拌，直至冒煙並變成烤麵包色；然後將它們鋪在平坦的表面上，並用擀麵杖壓碎。現在將板油或母豬腹肉放入大煎鍋中融化；你可以用足夠的植物油或其他起酥油來覆蓋鍋底，但你會失去肉味。

c) 一旦脂肪呈現或開始發出嘶嘶聲，一次添加幾塊肉並燒焦，轉動立方體以密封所有側面。

d) 降低熱量，加入洋蔥和大蒜，偶爾攪拌直至洋蔥半透明。加入烤乾的小茴香籽、牛至和你能買到的最新鮮的辣椒粉；攪拌使肉沾上調味料，加入西紅柿和青辣椒，煮至沸點，然後轉小火煮。

e) 將浸泡過的豆子再次煮沸，讓其幾乎難以察覺地冒泡，直到它們變軟 - 30 分鐘到 1 小時，具體取決於豆子。

f) 同時觀察肉混合物，確保它不會變得太乾，根據需要添加水或高湯以保持相當流暢的稠度。品嚐調味料，必要時添加鹽和胡椒，並根據您的味蕾需要添加少許塔巴斯科辣椒醬。

g) 大約 1.5 小時後（時間取決於鹿肉切塊的質量和韌性），對肉進行取樣；如果嫩的話，撇去多餘的油脂 - 或冷藏過夜，讓脂肪凝固，以便於去除。添加瑪莎哈里娜增稠。

h) 然後將辣椒與煮熟的豆子混合，回到沸點，再煮 30 分鐘讓味道融合。

## 70. 玉米粥湯

份量：1 份

**原料：**

- ¼ 杯 橄欖油
- 1 個中等大小的洋蔥；切碎的
- 2 瓣大蒜；剁碎
- 2 杯意大利梅子番茄；切碎的
- 6 杯雞湯或水
- 10 盎司包裝冷凍玉米粒；解凍
- 4 盎司 罐裝切碎的青辣椒
- ½ 杯粗玉米粥
- ¼ 杯 新鮮香菜葉
- 1 湯匙酸橙汁；（最多 2 個）
- ½ 杯切達干酪絲
- ½ 杯 切細粒的青椒
- 鹽和胡椒

a) 在中型平底鍋中用中火加熱油。加入洋蔥，炒約 3 分鐘。加入大蒜、西紅柿、肉湯、玉米和辣椒。

b) 將液體煮沸，然後蓋上鍋蓋，用小火輕輕煮 15 分鐘。同時將香菜沖洗並切碎。

c) 不斷攪拌的同時，慢慢地將玉米粥倒入沸騰的湯中，不蓋蓋子輕輕煮約 10 分鐘，直至變稠。偶爾攪拌一下底部，確保玉米粥不會粘在一起。

d) 用鹽和胡椒調味湯。食用前拌入酸橙汁。如果您願意，可以分份並用切達干酪、香菜和切碎的青椒裝飾。

## 71. 托斯卡納玉米粥

份量：8 份

原料：
- 玉米粥，如上所述煮熟
- 3 湯匙橄欖油
- 2 茶匙迷迭香，切碎
- ⅔ 杯核桃，烤並切碎
- 椒鹽

指示：

a) 在一個小而重的炒鍋中用中低火加熱橄欖油。

b) 加入迷迭香和核桃，炒 5 分鐘。不要讓任何一個變成棕色。在核桃混合物中撒上鹽和胡椒粉，並在玉米粥完全煮熟前攪拌約 10 分鐘。

c) 繼續攪拌和烹飪，直到玉米粥準備好上桌。

d) 立即食用或冷卻後製成 crostini。

## 72. 玉米粥配胡桃南瓜

製作： 1 份

**原料：**
- 3 磅胡桃南瓜；縱向切成兩半，去籽
- 6 顆大蒜瓣；未剝皮的
- 3 湯匙橄欖油
- 3/4 茶匙幹鼠尾草
- 2/4 杯罐裝低鹽雞湯
- 1/4 杯水
- 1½ 茶匙 鹽
- 1½ 杯玉米粥；（粗玉米粥）
- 1 湯匙切碎的新鮮鼠尾草
- 3/4 杯新鮮磨碎的帕爾馬干酪；（約 2 1/4 盎司）

**指示：**

a) 將烤箱預熱至 375F。將南瓜切面朝上放入大烤盤中。

b) 將蒜瓣放入南瓜腔中。淋上油。撒上乾鼠尾草、鹽和胡椒。蓋上箔紙，烘烤約 1 小時 35 分鐘，直至南瓜變軟。稍微涼一下。南瓜和大蒜去皮。

c) 轉移至處理器並打成泥。

d) 將肉湯、1 3/4 杯水和 1 1/2 茶匙鹽放入大平底鍋中混合。煮沸。逐漸加入玉米粥攪拌。

e) 將熱量調至中低，煮至混合物非常濃稠且呈奶油狀，經常攪拌，大約 20 分鐘。加入新鮮鼠尾草和 3 杯南瓜泥（保留剩餘的南瓜泥以供下次使用）。

f) 煮至熱透，約 2 分鐘。拌入奶酪。用鹽和胡椒調味。

## 73. 火腿豌豆湯配玉米粥油煎麵包塊

份量：4 份

原料：

- 200 克乾黃豌豆；用冷水沖洗並瀝乾
- 1½升水或湯；（2 3/4 品脫）
- 小胡蘿蔔 1 個；去皮並切成 3 塊
- 1 個小洋蔥；切丁
- 1/4 韭菜；切丁
- 2 磅火腿或豬骨，取出肉並切丁
- 2 片月桂葉
- 鹽和現磨黑胡椒
- 30 毫升維特羅斯特級初榨橄欖油；(2 湯匙)
- 4 片 Dellugo 新鮮玉米粥片；切丁
- 5 毫升新鮮鼠尾草；切碎（1 茶匙）

指示：

a) 將豌豆和水放入一個大的厚底鍋中，煮沸並撇去浮沫。

b) 加入胡蘿蔔、洋蔥、韭菜、火腿或豬骨、一半火腿或豬肉丁、月桂葉和調味料。

c) 蓋上鍋蓋，煮沸，小火煮 35-40 分鐘或直至豌豆變軟。

d) 去掉骨頭和月桂葉。將湯放入食品加工機中，加工至幾乎光滑。放回乾淨的平底鍋，輕輕加熱，必要時調整調味料。

e) 將煎鍋中的油加熱至熱，加入玉米粥、剩餘的火腿丁和鼠尾草，煎 1-2 分鐘或直至呈金黃色。

f) 將湯分裝在 4 個大碗中，用玉米粥、鼠尾草和火腿裝飾，搭配熱全麥麵包。

## 74. 燉小牛肉配白玉米粥

份量：9 份

原料：

- 2 磅瘦小牛肉燉肉
- 2 湯匙橄欖油
- 3 瓣大蒜，切碎
- 2 杯 胡蘿蔔片（3/4 英寸）
- 1½ 杯冷凍珍珠洋蔥
- ¼ 杯 切碎的新鮮平葉歐芹
- ½ 茶匙 幹羅勒
- 1/4 茶匙 鹽
- ¼ 茶匙 胡椒粉
- 2 杯干紅葡萄酒
- 1 杯 罐裝碎番茄
- 10½ 盎司低鈉雞湯，（1 罐）
- 2 片月桂葉
- 4 杯 新鮮蘑菇 減半
- 2 茶匙 玉米澱粉
- 1 茶匙 水
- 白玉米粥
- 3 湯匙磨碎的帕爾馬干酪
- 平葉歐芹（可選）
- 1½ 杯玉米粥
- 3/4 茶匙 鹽
- 5 杯 水
- 1 瓣大蒜，壓碎

**指示：**

a) 去除小牛肉中的脂肪。將小牛肉切成 1-½ 英寸的方塊。

b) 在大型荷蘭烤箱中用中高溫加熱油。加入小牛肉和大蒜；煮 5 分鐘或直至小牛肉失去粉紅色。加入胡蘿蔔和接下來的 9 種成分；煮滾。

c) 蓋上鍋蓋，調小火，煮 1 小時 15 分鐘。

d) 加入蘑菇，不蓋鍋蓋，煮 45 分鐘或直至小牛肉變軟。

e) 將玉米澱粉和水混合；添加到燉菜中。煮 2 分鐘或直至稍微變稠，不斷攪拌。丟棄月桂葉。

f) 將白玉米粥舀入單獨的意大利麵碗中；上面放上燉菜。撒上奶酪。

**對於白玉米粥：**

g) 將玉米粥和鹽放入一個大平底鍋中。逐漸加入水和大蒜，用鋼絲攪拌器不斷攪拌。煮滾；將熱量降低至中低。

h) 不蓋蓋子，煮 15 分鐘或直至變稠，經常攪拌。

## 75. 肉酱玉米粥

品牌：4

**原料：**
- 4 湯匙橄欖油
- 1 1/2 磅 溫和的意大利香腸，去掉腸衣
- 2 根胡蘿蔔，切碎
- 1 個洋蔥，切碎
- 4 瓣大蒜，切碎
- 1/3 杯 幹白葡萄酒
- 1 1/2 杯 罐裝碎番茄濃泥
- 3/4 杯罐裝低鈉雞湯或自製高湯
- 6 湯匙切碎的新鮮歐芹
- 1 片月桂葉
- 1 3/4 茶匙 鹽
- 1/4 茶匙現磨黑胡椒
- 3 湯匙淡奶油
- 4 1/2 杯水
- 1 1/3 杯粗玉米粉或中玉米粉
- 3 湯匙 磨碎的帕爾馬干酪，再加上更多的佐餐用

**指示：**

a) 在一個大煎鍋中，用中高火加熱 1 湯匙油。加入香腸，煮約 3 分鐘，用叉子將肉打碎，直至不再呈粉紅色。

b) 將鍋傾斜，用勺子除去除 2 湯匙脂肪之外的所有脂肪。

c) 將熱量降低至中等。

d) 加入胡蘿蔔、洋蔥和大蒜，煮約 5 分鐘，偶爾攪拌，直到蔬菜開始變軟。

e) 加入酒攪拌，小火煮 3 分鐘。加入西紅柿、肉湯、4 湯匙歐芹、月桂葉和 1/2 茶匙鹽。

f) 蓋上鍋蓋，小火煮 15 分鐘。揭開蓋子，加入胡椒粉，再煮 5 分鐘。取出月桂葉。加入奶油和剩餘的 2 湯匙歐芹，攪拌。

g) 與此同時，在一個中等大小的平底鍋中，將水和剩餘的 1 1/4 茶匙鹽煮沸。慢慢地加入玉米粉，不斷攪拌。加入剩餘的 3 湯匙油攪拌。

h) 將火調小，用木勺經常攪拌，煮約 20 分鐘，直至玉米粥變稠。拌入帕爾馬干酪。

i) 將玉米粥淋上肉醬即可食用。通過額外的帕爾馬干酪。

## 76. 簡單的玉米粥

份量：1 份

**原料：**

1 罐（約 14 盎司雞湯）
1 杯水
1 杯玉米粥
3 湯匙磨碎的帕爾馬干酪
鹽
胡椒
1½ 杯 番茄醬
2 盎司（½ 杯）馬蘇里拉奶酪

**指示：**

a) 烤箱預熱 375 度，9 寸方形烤盤塗油；擱置。

b) 將肉湯和 1 杯水放入中型平底鍋中混合。

c) 將玉米粥攪拌成液體。用中高火煮沸，攪拌以防止結塊

d) 將熱量降至中低；煮約 7 分鐘或直至混合物非常濃稠，不斷攪拌。

e) 加入帕爾馬干酪拌勻；鹽和胡椒調味。

f) 將熱玉米粥倒入準備好的盤子中，用抹刀均勻塗抹，將番茄醬倒在玉米粥上；撒上馬蘇里拉奶酪。

g) 烘烤 10 分鐘或直至奶酪融化且醬汁加熱透。

## 77. 橄欖醬魚配玉米粥

製作： 1 份

**原料：**
- 1 條整條小魚；用油擦過,
- 1 並調味
- 1 艾默瑞爾精華
- 2 湯匙橄欖油
- ½ 杯切碎的洋蔥
- 3 杯去皮；去籽、切碎的意大利歐芹
- 1 個番茄
- 2 湯匙蒜末
- 8 片鳳尾魚片；粘貼的
- ½ 杯 西班牙橄欖
- ½ 杯進口黑橄欖
- ½ 杯白葡萄酒
- 1 鹽；去嚐嚐
- 1 個現磨黑胡椒；去嚐嚐
- 1 杯軟玉米粥；溫暖的
- 2 湯匙羅勒雪紡蛋糕
- 1 湯匙棕紅辣椒

**指示：**

a) 預熱烤架。在魚上划痕並烤至熟透。在炒鍋中，加熱橄欖油。當油熱時，炒洋蔥直至枯萎，大約 1 分鐘。加入西紅柿，繼續炒 2 分鐘。加入大蒜，炒 1 分鐘。加入鳳尾魚、橄欖和白葡萄酒。用鹽和黑胡椒調味。

b) 將醬汁煮沸並從火上移開。將醬汁倒入攪拌機中，攪拌至光滑。檢查調味料。

c) 將玉米粥堆放在盤子中央。將魚放在玉米粥上面。將醬汁舀到魚上和邊緣周圍。

d) 用羅勒和辣椒裝飾。此食譜可供 1 人份，可製作約 3 杯醬汁。

# 沙拉

## 78. 雞肉玉米粥沙拉

份量：6 份

原料：

- 1 杯 粗磨玉米粥
- 3 杯水
- ½ 蔬菜湯塊
- 1 個青椒，縱向切成四等分，去掉莖和種子
- 1 個紅辣椒，縱向切成四等分，去掉莖和種子
- 2 湯匙橄欖油
- 2 湯匙 蘋果醋
- 1 茶匙切碎的新鮮迷迭香或-
- ⅛ 茶匙 幹迷迭香
- 1 茶匙切碎的新鮮百里香或-
- ⅛ 茶匙 干百里香
- ½ 茶匙辣椒粉
- ⅛ 茶匙 胡椒粉
- 1 磅煮熟的去骨雞胸肉，切絲
- 2 個中等大小的西紅柿，去皮並切成四等分
- 2 湯匙切碎的韭菜

指示：

a) 將玉米粥、水和肉湯塊放入大平底鍋中。煮沸，然後蓋緊並關掉火。靜置 1 小時。將青椒和紅椒放入沸水中煮 5 分鐘。

b) 瀝乾水分並切成細條。將煮熟的玉米粥與油、醋、香草、辣椒粉、黑胡椒、胡椒條和雞肉混合。攪拌均勻。

c) 食用時，將西紅柿放在沙拉上，並撒上香蔥。

## 79. 栗子玉米粥

份量：5 份

**原料：**
- ¼ 杯 切碎的洋蔥
- 1 湯匙橄欖油
- ⅔ 杯 玉米粉
- ⅓ 杯栗子粉
- 3 西紅柿干
- 1 撮 黑胡椒
- ¼ 茶匙 幹牛至
- ¼ 茶匙 干百里香
- ¼ 茶匙 幹羅勒
- 3 杯雞湯
- 2 湯匙帕爾馬干酪；磨碎的

**指示：**

a) 在攪拌碗中混合前四種成分。

b) 將乾番茄切成小塊，然後添加到其餘的中。加入調味料並攪拌均勻。

c) 轉移到平底鍋中，加入雞湯攪拌。加熱並小火煮至濃稠，這可能需要 5 - 10 分鐘。攪拌以防止底部粘連。拌入帕爾馬干酪

d) 倒入淺鍋或鬆餅罐中，厚度不超過 1 英寸，並在冰箱中冷卻。

e) 冷卻後，可以將凝結的麵糊切片並放在塗有橄欖油的餅乾片上，在 325 F 的溫度下烘烤直至變成棕色。趁熱食用。

## 80. 田野蔬菜配玉米粥、佐賀藍和烤核桃

份量：8 份

**原料：**

- 1½ 杯水
- ½ 杯玉米粥
- 3/4 12 盎司輪狀淡藍色 Saga 奶酪
- 1 個大雞蛋
- ¼ 杯 牛奶
- 1 茶匙 鹽
- ¼ 茶匙 黑胡椒碎
- ⅓ 杯核桃
- 1 茶匙 黃油，融化
- ½ 杯 橄欖油
- ¼ 杯 檸檬汁
- 1 茶匙糖
- 1½ 夸脫 Mesclun 配金蓮花和三色菫或混合沙拉蔬菜，冷藏至酥脆

**指示：**

a) 食用前幾個小時或前一天，準備玉米粥：在 8 英寸見方的烤盤上塗油。在 2 夸脫的平底鍋中，將水和玉米粥混合。用中火加熱至沸騰，不斷攪拌。

b) 把火調小，蓋上鍋蓋煮 5 分鐘，偶爾攪拌一下。

c) 切下一塊 1/4 英寸的楔形奶酪；將楔形物粗切，包括外皮。將剩餘的奶酪包裹起來並冷藏，以供第 7 步使用。

d) 在杯子中，將雞蛋打至起泡；加入牛奶攪拌。將切碎的奶酪、雞蛋混合物、½ 匙鹽和胡椒粉加入溫熱的玉米粥混合物中。

e) 用中火煮，不斷變硬，直到混合物起泡。

f) 倒入塗了油的鍋中。放在金屬架上 10 至 15 分鐘冷卻至室溫；蓋緊並冷藏直至準備好沙拉。

g) 準備沙拉時，將烤箱加熱至 400 英尺華氏度。將堅果放入小烤盤中，在烤箱中烘烤 5 至 7 分鐘或直至邊緣開始變成棕色。

h) 同時，在烤盤上塗上少許油。將玉米粥切成 16 塊，間隔 1 英寸放在塗了油的烤盤上。在頂部刷上融化的黃油。

i) 核桃烤好後，將烤箱重新設置為烘烤；將玉米粥塊烤 3 至 5 分鐘或直至頂部呈淺棕色。

j) 準備調料時，在攪拌機或小型食品加工機中，將油、檸檬汁、2 匙烤核桃（選擇較小的核桃）、糖和剩餘的 1/2 匙鹽混合。處理直至光滑。

k) 食用時，將沙拉蔬菜分裝在沙拉盤中。將剩餘的奶酪切成 16 塊大小相等的楔形。將 2 個方形玉米粥和 2 個楔形奶酪交替放在蔬菜上。

l) 將剩餘的核桃分到沙拉上。立即搭配調料食用。

## 81. 烤玉米粥配蘋果、茴香和戈貢佐拉乾酪

份量：1 份

**原料：**

- 3 杯 牛奶
- 3 杯水
- 加鹽調味
- 2½ 杯 細黃玉米粉
- ½ 杯 帕爾馬干酪
- 1 個甜而硬的蘋果
- 1 茴香心
- ½ 杯芝麻菜
- ¼ 杯 烤核桃
- 3/4 杯碎戈爾貢佐拉奶酪
- 2 茶匙檸檬汁
- 2 湯匙特級初榨橄欖油
- 加鹽調味
- 黑胡椒調味
- 2 湯匙意大利歐芹葉

**指示：**

a) 玉米粥的準備：將牛奶和水煮沸，加入鹽，慢慢加入玉米粉。用木勺中火攪拌，煮約三十分鐘。加入磨碎的奶酪，放在塗了油的平底鍋上。冷卻並冷藏。

b) 冷卻後，切成大方塊並備用。沙拉的準備：將蘋果、茴香和芝麻菜洗淨。用日本切片機將蘋果和茴香縱向切成盡可能薄的薄片。

c) 將蘋果、茴香、採摘的芝麻菜葉、烤核桃和戈貢朱勒乾酪混合，加入檸檬汁、橄欖油、鹽和胡椒的混合物。用歐芹葉裝飾。將冰鎮沙拉放在烤玉米粥上，最後撒上碎黑胡椒。

d) 立即上菜。

**82.** <u>香草玉米餅配菠菜、蘑菇和乳清乾酪</u>

份量：8 份

**原料：**

- 2 杯蘑菇；切片
- 1 杯西葫蘆；薄的切片
- 1 杯黃南瓜；薄的切片
- ½ 杯 蔥；薄的切片
- ¼ 杯 干紅葡萄酒
- 1 杯番茄；切碎的種子
- ½ 茶匙 大蒜粉
- ¼ 茶匙 洋蔥粉
- 1 罐（14 盎司）洋薊心；瀝乾並粗切
- 1 包（10 盎司）冷凍切碎菠菜；解凍、瀝乾、擠乾
- 1 杯脫脂乳清乾酪
- ½ 杯（2 盎司）部分脫脂馬蘇里拉奶酪；切碎的
- 1/4 杯（1 盎司）新鮮帕爾馬干酪；磨碎的
- 3 個大蛋白；輕輕毆打
- 1 個大雞蛋
- 1¼ 杯玉米粥
- ½杯紅甜椒；切碎的
- 1/4 杯新鮮歐芹；切碎的
- 1 茶匙牛至；幹的
- 3/4 茶匙 鹽
- ½ 茶匙羅勒；幹的
- ¼ 茶匙 胡椒粉

- 4 杯 水
- 1/4 杯（1 盎司）新鮮帕爾馬干酪；磨碎的
- 烹飪噴霧

**指示：**

a) 準備菠菜餡料：將烤箱預熱至 350 0 F。將前五種成分放入大的不粘鍋中；攪拌均勻。用中高火煮 7 分鐘或直至蔬菜變軟並且液體幾乎蒸發。

b) 用勺子舀入碗中；加入切碎的番茄、大蒜粉、洋蔥粉、洋薊和菠菜。將剩餘成分混合在一個小碗中；攪拌均勻。添加到蘑菇混合物中；攪拌均勻。擱置。

c) 準備香草玉米粥：將前 7 種原料放入一個大平底鍋中混合。

d) 逐漸加水，用攪拌器不斷攪拌。煮滾；將熱量降低至中等。煮 15 分鐘，經常攪拌。拌入帕爾馬干酪。將玉米粥舀入塗有烹飪噴霧的 10 英寸彈簧盤中，均勻塗抹。

e) 完成食譜：將菠菜餡料塗在香草玉米粥上。上面放 1 杯（1/4 英寸厚）番茄片；撒上 ½ 杯（2 盎司）切碎的部分脫脂馬蘇里拉奶酪。將平底鍋放在烤盤上。

f) 不蓋蓋子，在 350 華氏度下烘烤 1 小時或直至凝固。

g) 放在金屬架上冷卻 10 分鐘。切成 8 塊，搭配低鈉意大利麵醬。

## 83. 烤玉米粥配白豆沙拉

份量：4 份

**原料：**
- 2 個中等成熟的西紅柿
- 2 湯匙白葡萄酒醋
- 1 湯匙 特級初榨橄欖油
- 19 盎司 罐裝白卷豆；沖洗並瀝乾
- 1 束蔥；切碎（1/2 杯）
- （白色和淺綠色部分）
- ½ 杯新鮮羅勒葉條
- ¼ 杯 去核黑橄欖片；（2 盎司）
- 比如卡拉馬塔
- 24 盎司原木玉米粥
- 2 茶匙 特級初榨橄欖油
- 裝飾用新鮮羅勒小枝

**指示：**

a) 手邊準備一包準備好的玉米粥，這樣您就可以在接到通知後立即製作這道快速的溫暖天氣主菜。

b) 準備一個熱炭火或高溫預熱燃氣烤架。

c) 沙拉：將每個番茄橫向切成兩半，輕輕地將種子擠入小碗中。將番茄汁濾入大碗中；丟棄種子。將西紅柿切丁放在一邊。

d) 將醋、1 湯匙油、鹽和胡椒加入碗中的果汁中，攪拌均勻。加入西紅柿丁、豆類、蔥、羅勒和橄欖；折騰得好。

e) 將玉米粥切成八片 1/2 英寸厚的片；保留剩餘部分以供其他用途。將切片放在烤盤上。在切片兩面刷上油，並用鹽和胡椒輕輕調味。在烤架上塗上少許油，將玉米粥烤至焦黃，每面烤 3 至 5 分鐘。將豆類沙拉分裝在盤子中。上面放上烤玉米粥，用羅勒小枝裝飾，即可食用。

## 84. 香草沙拉配雞肝和玉米粥

製作： 1 份

**原料：**

3/4 品脫牛奶

3/4 品脫雞湯

6 盎司玉米粥；容易做飯

3 盎司 黃油

4 5 盎司 雞肝

3 湯匙香醋

6 蔥；切碎的

紅洋蔥 1 個；切碎的

12 嬰兒刺山柑；沖洗過的

4 小黃瓜；切片

1 茶匙 切碎的扁平意大利歐芹

3 茶匙 橄欖油

1 束火箭

**指示：**

a) 將牛奶和高湯放入大鍋中加熱直至沸騰。把火調小一點，源源不斷地加入玉米粥，不斷攪拌。

b) 當全部加入並開始冒泡時，將火調小，煮 3-4 分鐘，小心不要讓它粘在一起。關掉火，拌入 1 盎司黃油，然後倒入塗了油的平耐熱盤中。靜置幾個小時。

c) 使用圓形刀具，在玉米粥中切出形狀，然後在加熱的烤架下煎鍋。在煎鍋中加熱剩餘的黃油，將雞肝炒約 4-5 分鐘，具體取決於您喜歡的粉紅色。

d) 最後加入 2 湯匙香醋。

e) 將橄欖油和香醋放入碗中，攪拌均勻，用鹽和黑胡椒粉調味。加入蔥、紅洋蔥、刺山柑、小黃瓜和芝麻菜，輕輕攪拌。

f) 食用時，將雞肝放在玉米粥圈上，並按大小放上香草沙拉。

## 85. 烤乾番茄玉米粥配茴香沙拉

份量：4 份

**原料：**

- 4 杯 牛奶
- 5 杯 水
- 4 湯匙黃油
- 2 湯匙鹽
- 2 杯 粗玉米粥
- 1 杯 細粗麵粉
- 1 杯 切片；烘乾西紅柿
- ¼ 杯 橄欖油

**指示：**

a) 在厚底鍋中，將牛奶、水、黃油和鹽煮沸。

b) 慢火慢燉，慢慢加入玉米粥和粗麵粉（不斷攪拌）。繼續用木勺攪拌，直到玉米粥從鍋邊脫落（約 10 分鐘）。接下來，拌入烘乾的西紅柿，並將玉米粥倒入塗有黃油的 9 x 13 烤盤中，並在室溫下冷卻。將玉米粥切片或用圓形切割器切割，任何尺寸。

c) 在不粘鍋中用中火加熱橄欖油，將玉米粥兩面煎成淺棕色。將 2 塊放在盤子上，用茴香沙拉裝飾。

## 86. 玉米粥皮鯛魚沙拉

份量：1 份

**原料：**

- ½磅菊苣沙拉，洗淨；甩乾
- 4 湯匙特級初榨橄欖油；加 1/2 C
- 1/2 個檸檬汁
- 鹽和胡椒粉調味
- 4 湯匙 初榨橄欖油
- ½ 杯玉米粥或玉米粉；用於疏浚
- 4 湯匙 現磨黑胡椒
- 4 片去骨鯧魚片、鯧魚片或鱒魚片
- 1 個中等大小的藤熟番茄
- 1 湯匙 香醋
- 1 湯匙刺山柑；沖洗乾淨，瀝乾
- 2 杯 辣椒油醋汁

**指示：**

a) 在一個大攪拌碗中，將乾淨的菊苣與 3 湯匙特級初榨橄欖油、檸檬汁、鹽和胡椒粉一起攪拌。

b) 分成 4 個盤子，將混合物放在每個盤子的中心。在 10 英寸至 12 英寸的炒鍋中，加熱 4 湯匙初榨油直至冒煙。

c) 同時，挖出鯧魚片，撒上黑胡椒。

d) 小心地將結皮的龐帕諾放入炒鍋中，煮至金黃色（每面約 3 分鐘）。同時，將番茄大致切碎，與香脂、刺山柑和剩餘的半杯特級初榨橄欖油一起放入攪拌機中。攪拌直至光滑。

e) 取出鯧魚片，在每個盤子上放一個，放在菊苣上。將辣椒油醋汁放在盤子上，淋上番茄油即可食用。

## 87. 烤蔬菜玉米粥沙拉

份量：4 份

**原料：**

- 2 個中等大小的紅薯，切成 3/4 英寸的塊
- 1 顆小頭西蘭花，小花和莖切碎
- 1 個小紅洋蔥，切成 3/4 英寸的楔形
- 1 杯 櫻桃番茄或葡萄番茄
- 5 湯匙特級初榨橄欖油
- 粗鹽和現磨胡椒
- 2 湯匙白葡萄酒醋
- 1 管 18 盎司準備好的玉米粥
- 12 片大鼠尾草葉
- 1 包 5 盎司混合嬰兒沙拉蔬菜
- 2 盎司 山羊奶酪

**指示：**

a) 將帶邊的烤盤放在烤箱中間，預熱至 450°F。將紅薯、西蘭花、紅洋蔥和西紅柿放入碗中。加入 2 湯匙橄欖油、3/4 茶匙鹽和大量胡椒粉；折騰得好。鋪在熱鍋上烤，攪拌一兩次，直到蔬菜變成棕色，需要 25 到 30 分鐘。淋上一湯匙醋，刮掉鍋底粘住的碎片。

b) 同時，將玉米粥切成 1 1/2 英寸的塊（約 24 塊）。在一個大的不粘鍋中用中高火加熱另外 2 湯匙橄欖油。加入鼠尾草葉，煮 1 至 2 分鐘直至變脆。轉移到紙巾上瀝乾。將玉米粥片加入煎鍋中剩餘的油中；用鹽和胡椒調味。煮 15 到 20 分鐘，偶爾翻動，直至玉米粥片輕鬆從鍋中脫出，呈金黃色且酥脆。

c) 將沙拉蔬菜與剩餘的橄欖油和醋各一湯匙，以及鹽和胡椒粉各少許。分裝在淺碗中。均勻地撒上溫熱的烤蔬菜和玉米粥以及煎鍋中多餘的橄欖油。將山羊奶酪切成小塊，撒在沙拉上。將炸好的鼠尾草撕碎，撒在上面。

# 甜點

## 88. 烤玉米粥舒芙蕾配 Taleggio 醬

品牌： 6

原料：

- 60 克無鹽黃油
- 50 克速溶玉米粥，加上額外的灰塵
- 60 克普通麵粉
- 2½ 杯牛奶
- 4 個雞蛋，分開，加上 2 個額外的蛋黃
- 300 克 Taleggio，去皮，切碎
- 300 毫升純奶油
- 磨碎的帕爾馬干酪和沙拉，即可食用

指示：

a) 將烤箱預熱至 160°C。在八個 ½ 杯 dariole 模具上塗上黃油，撒上玉米粥。

b) 將黃油放入平底鍋中，用小火融化。將火調至中火，加入麵粉，煮 2-3 分鐘。加入牛奶並輕輕攪拌直至光滑。從火上移開，加入玉米粥攪拌。靜置 5 分鐘，使其稍微冷卻。

c) 用電動打蛋器將 4 個蛋白打至硬性發泡。將 6 個蛋黃攪拌到冷卻的玉米粥混合物中，然後輕輕拌入蛋清。

d) 將蛋奶酥混合物填滿模具四分之三，然後轉移到烤盤中。將足夠的沸水倒入鍋中，水位沒過模具側面的一半。烘烤 25 分鐘或直至發酵。

e) 將模具倒置到襯有烘焙紙的烤盤上。將塔雷吉奧和奶油放入耐熱碗中，放在盛有小火的鍋上，偶爾攪拌直至融化且光滑。

f) 將 Taleggio 醬倒在每個舒芙蕾上，並撒上帕爾馬干酪。烘烤 25 分鐘或直至膨化並呈金黃色，然後搭配蔬菜沙拉。

## 89. 藍莓玉米粥蛋糕

品牌：16 品牌：2 個 9 英寸蛋糕

**原料：**

**蛋糕糊：**

- 3 杯通用麵粉
- 1½ 杯玉米粥
- 1 湯匙泡打粉
- 1 茶匙鹽
- 1 磅無鹽黃油，軟化
- 3 杯白糖
- 8 個雞蛋，室溫
- 1½ 杯酸奶油
- 1 湯匙香草精漿果：
- ½ 杯無鹽黃油，分開
- 1 杯紅糖，分開
- 6 杯新鮮藍莓，分開

**指示：**

a) 將烤箱預熱至 350 華氏度（175 攝氏度）。

b) 將通用麵粉、玉米粥、泡打粉和鹽放入碗中混合。

c) 用電動攪拌機將黃油和糖攪打至光滑。一次打一個雞蛋，每次添加後將碗刮下來。加入酸奶油和香草精；混合直至光滑。添加麵粉混合物並混合直至合併。擱置。

d) 將黃油分裝在兩個 9 英寸鑄鐵平底鍋中；中低火融化，約 1 分鐘。在每個鍋中加入 1/2 紅糖；煮 2 到 3 分鐘，直到黃油和糖開始起泡。將藍莓分裝在兩個平底鍋之間，然後從爐頂上取下。

e) 將玉米粥麵糊分裝在兩個平底鍋之間；將每個放在平底鍋上。

f) 在預熱的烤箱中烘烤 45 至 50 分鐘，直至用牙籤插入中間，拔出時干淨為止。

g) 稍微冷卻約 15 分鐘。用刀在每個蛋糕的外邊緣劃一圈，然後翻轉到切板上進行切片。

## 90. 玉米粥皮撧皮

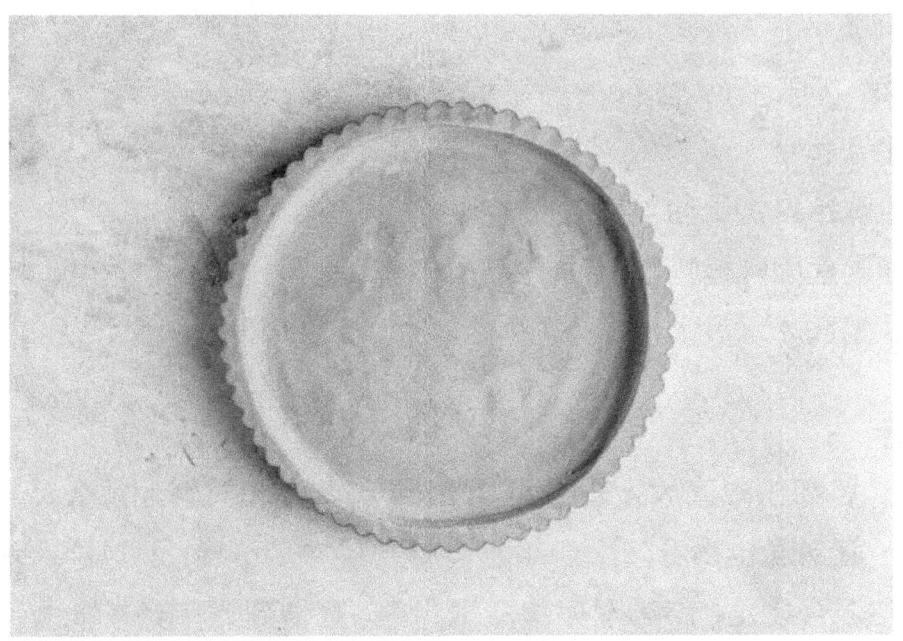

製作： 1 份

**原料：**
- 2½ 杯玉米粥麵粉
- 1 茶匙鹽
- 1 塊冷無鹽黃油；切成塊
- 6 湯匙固體植物起酥油；寒冷的
- 5 湯匙冰水

**指示：**

a)　將麵粉和鹽放入碗中混合。用手將黃油和起酥油加入麵粉中，直到混合物看起來像粗麵包屑。一次將 1 或 2 湯匙冰水撒在混合物上。將麵團聚集成球。將麵團轉到撒了麵粉的表面上。

b)　用手掌根揉麵團，這樣可以混合黃油和起酥油，使糕點更脆。冷藏 30 分鐘。將麵團放在撒了麵粉的表面上，擀成直徑 14 英寸、厚 1/8 英寸的圓形。

c)　將麵團輕輕對折，然後再對折，這樣就可以提起而不撕裂，然後展開到 9 英寸的撻盤中。

## 91. 綜合水果撻

份量：8 份

原料：
- ¼ 杯 葡萄乾
- ½ 杯開水
- 8 片白麵包
- 1½ 杯 1% 低脂牛奶，分開
- 1 杯 去皮、切碎的梨
- 2 湯匙麵粉
- 1/4 杯 + 2 湯匙。糖，已融化
- 2 湯匙玉米粥
- 1 茶匙 磨碎的檸檬皮
- 3 顆雞蛋，輕輕打散
- ½ 杯無籽紅葡萄，減半
- 2 茶匙 切碎的新鮮迷迭香
- 2 茶匙橄欖油

指示：

a) 將葡萄乾和沸水混合；靜置 15 分鐘。瀝乾並放在一邊。

b) 修剪麵包皮。將每片切成 4 個三角形；單層放入 13 x 9 x 3 烤盤中。將 ½ 杯牛奶倒在麵包上，靜置 5 分鐘。

c) 小心地將三角形麵包放入塗有烹飪噴霧的 10 英寸乳蛋餅盤底部。

d) 上面放上蘋果和梨。

e) 將麵粉放入碗中，逐漸加入剩餘的牛奶，用鋼絲攪拌器攪拌直至混合。

f) 加入糖、玉米粥、檸檬皮和雞蛋，攪拌；攪拌均勻。

g) 將牛奶混合物倒在蘋果和梨上；上面放上葡萄乾和葡萄，撒上迷迭香。

h) 在混合物上淋上油；撒上剩餘的糖。

i) 在 350F 下烘烤 50 分鐘或直至凝固；放在金屬架上冷卻。切成楔形。

## 92. 葡萄醋栗餡餅配芳蒂娜奶酪

份量：8 份

**原料：**
- ½ 杯開水
- ¼ 杯 幹醋栗
- 6 片白麵包，每片 3/4 盎司
- 蔬菜烹飪噴霧
- 1½ 杯脫脂牛奶；分為
- 1¼ 杯 方蒂娜奶酪丁 5 盎司
- 1¼ 杯無核紅葡萄；減半
- 2 湯匙通用麵粉
- ⅓ 杯糖
- 2 湯匙玉米粥
- 1 茶匙 磨碎的檸檬皮
- 3 個蛋清；輕輕毆打
- 雞蛋 1 個；輕輕毆打
- 1 茶匙 特級初榨橄欖油
- 1 湯匙糖
- 2 茶匙 切碎的新鮮迷迭香

**指示：**

a) 烤箱預熱到 350 度。

b) 將沸水和醋栗混合；靜置 15 分鐘。瀝乾並放在一邊。修剪麵包皮；丟棄外殼。

c) 將每片切成 4 個三角形；將三角形單層放入塗有烹飪噴霧的 10 英寸乳蛋餅盤中。將 ½ 杯牛奶倒在麵包上；靜置 5 分鐘。上面放上醋栗、奶酪和葡萄。

d) 將麵粉放入碗中，逐漸加入剩餘的 1 杯牛奶，用鋼絲攪拌器攪拌直至混合。

e) 加入⅓杯糖、玉米粥、檸檬皮、蛋白和雞蛋，攪拌；倒在蛋撻上。在撻上淋上油，撒上一湯匙糖和迷迭香。

f) 烘烤 45 分鐘或直至凝固；放在金屬架上冷卻

## 93. 印度布丁

原料：
- 1 夸脫（4½ 杯）牛奶
- ⅓ 玉米粥。
- 1 個打散的雞蛋
- ⅓杯糖
- 3/4 茶匙鹽
- ½ 茶匙肉荳蔻
- 3/4 茶匙肉桂
- ½ 茶匙楓香調味料

指示：

a) 在近 1 夸脫（4½ 杯）牛奶中添加 ⅓ 玉米粥。

b) 煮，不斷攪拌直到玉米粥煮熟。

c) 然後加入 1 個打散的雞蛋、糖、鹽、肉荳蔻、肉桂和楓香調味料。

d) 放入 350 華氏度的烤箱中烘烤，直至熟透或用刀插入布丁，取出來時是乾淨的。

e) 烘烤時，倒入塗有黃油的 1½ 至 2 夸脫砂鍋。

f) 放入裝有熱水的鍋中。

g) 在 350 度的溫度下烘烤，直到插入中心的刀取出來時是乾淨的。

## 94. 玉米粥布丁

原料：
- 3 杯 玉米粥
- 3/4 杯 通用麵粉
- 5 杯濃椰奶
- 1/2 茶匙 混合香料
- 1 1/2 茶匙鹽
- 1 1/2 茶匙 磨碎的肉荳蔻
- 1/2 杯 椰絲

指示：

a) 將麵粉和玉米粥一起過篩。

b) 將鹽、肉荳蔻、混合香料和椰奶混合。

c) 添加到玉米粥混合物中，攪拌直至沒有結塊。

d) 倒入塗有油的鍋中。

e) 將椰子加入混合物中。

f) 在 350°F 的溫度下烘烤一小時或直至插入的牙籤拔出時是乾淨的。

## 95. 玉米麵包餅

**原料：**

- 1 磅 碎牛肉，瘦肉
- 大洋蔥各 1 個——切碎
- 模擬番茄湯各 1 份
- 鹽和 3/4 茶匙黑胡椒
- 1 湯匙辣椒粉
- 12 盎司冷凍玉米粒
- ½ 杯 青椒 -- 切碎
- 3/4 杯玉米粥
- 1 湯匙糖
- 1 湯匙 通用麵粉
- 1½ 茶匙發酵粉
- 2 個蛋清——打勻
- ½ 杯 2% 牛奶
- 1 湯匙 培根汁

**指示：**

a) 玉米麵包派：將碎牛肉和切碎的洋蔥放入煎鍋中混合。

b) 棕色很好。加入番茄湯、水、胡椒粉、辣椒粉、玉米和切碎的青椒。攪拌均勻，小火煮 15 分鐘。

c) 變成抹了油的砂鍋。上面放上玉米麵包（如下），然後在中溫（350~F）烤箱中烘烤 20 分鐘。

d) 玉米麵包配料：將玉米粥、糖、麵粉和泡打粉一起過篩。加入打勻的雞蛋、牛奶和培根汁。轉到牛肉混合物上。

## 96. 火雞玉米粉蒸肉餡餅配玉米麵包皮

原料：

**填充**

- 1 湯匙橄欖油
- 1 磅碎火雞胸肉
- 2 瓣大蒜，切碎
- 1 個洋蔥，切丁
- 1 個中等大小的波布蘭諾辣椒，去籽並切丁
- 2 茶匙辣椒粉
- 1 茶匙幹牛至
- 3/4 茶匙孜然粉
- 粗鹽和現磨黑胡椒，品嚐
- 2 罐（14.5 盎司）墨西哥式燉西紅柿
- 1 杯 玉米粒
- 2 湯匙切碎的新鮮香菜葉

**切達香菜玉米麵包皮**

- ½ 杯玉米粥
- ¼ 杯 通用麵粉
- 1 茶匙發酵粉
- ¼ 茶匙粗鹽
- 3/4 杯低脂酪乳
- 1 個大雞蛋
- 1 湯匙無鹽黃油，融化
- 3/4 杯切碎的超銳切達干酪
- ¼ 杯切碎的新鮮香菜葉

**指示：**

a) 將烤箱預熱至 425 華氏度。在 6 個（10 盎司）小模子上塗抹少許油或塗上不粘噴霧。

b) 餡料：在大煎鍋中用中高火加熱橄欖油。加入火雞碎、大蒜、洋蔥和波布拉諾。煮 3 到 5 分鐘，直到火雞變成棕色，確保在烹飪時將火雞弄碎。加入辣椒粉、牛至和小茴香，攪拌；用鹽和胡椒調味。排出多餘的脂肪。

c) 拌入西紅柿，然後用勺背將其打碎。用文火煮並拌入玉米和香菜。將混合物分成準備好的小模子。

d) 製作餅皮：將玉米粥、麵粉、泡打粉和鹽放入一個中等大小的碗中。在一個大玻璃量杯或另一個碗中，將酪乳、雞蛋和黃油攪拌在一起。將濕混合物倒在干成分上，用橡皮刮刀攪拌，直至濕潤。加入奶酪和香菜，輕輕攪拌混合。

e) 將餅皮混合物均勻地舖在小模子的餡料上。放在烤盤上，烘烤約 25 分鐘，直至呈金黃色且外皮凝固。食用前冷卻 10 分鐘，飾以額外的香菜葉。

f) 冷凍：在上菜當天之前不要製作麵包皮。準備第 3 步結束時的餡料，然後用保鮮膜將各個小模子蓋緊。冷凍最多 3 個月。

g) 食用時，除去保鮮膜。用鋁箔蓋住小模子，在 425 華氏度的溫度下烘烤 45 分鐘，同時製作麵包皮。揭開小模子，在上面放上麵包皮混合物。

h) 再烘烤 20 至 30 分鐘，直至完全煮熟。

## 97. <u>Acrobat 巧克力玉米粥蛋糕</u>

份量：8 份

原料：
- 12 盎司 半甜巧克力
- 3/4 磅 甜黃油
- 8 蛋黃
- 1 杯 紅糖
- ⅓ 杯白糖
- ⅓ 杯杏仁粉
- 1 湯匙 通用麵粉
- ¼ 杯玉米粥
- 8 蛋清
- 1 湯匙 塔塔粉

指示：

a) 在一個大平底鍋中，用低火融化巧克力。加入黃油，攪拌直至融化，然後離火（混合物應達到體溫，不要太熱而無法用手指觸摸）。

b) 在一個大碗中，將蛋黃、紅糖和白糖混合，攪拌直至充分混合。加入巧克力，攪拌均勻直至混合。

c) 在一個小碗中，將杏仁、麵粉和玉米粥混合，攪拌直至充分混合。將其倒入巧克力中並攪拌直至混合。

d) 在一個帶有電動攪拌機的大碗中，用塔塔粉攪打蛋白，直至形成硬性峰狀。

e) 將蛋白分三批拌入巧克力中。主廚戴爾·尼科爾斯 (Dale Nichols) 警告說，將蛋白折疊成巧克力需要真正的技巧，並建議用手作為槳。要手動執行此操作，請將手用作槳，將手掌向下推到碗的中心，然後從碗的側面向上滑動並將手翻過來。不要過度混合，否則蛋清中的空氣會被排出，從而導致質地更加緻密。

f) 在塗有黃油和麵粉的 10 英寸彈簧烤盤中以 400 華氏度烘烤 5 分鐘。將熱量降至 350 華氏度，再烘烤 20 至 30 分鐘，或直到蛋糕中心完成測試。從鍋中取出之前讓其完全冷卻。

## 98. 那不勒斯玉米粥餡餅

份量：8 份

**原料：**

- 12 盎司脫脂原味酸奶
- 1 杯玉米粥
- 3 杯水
- 1 茶匙海鹽
- 1½ 杯 披薩醬
- 1 杯紅洋蔥；切片
- ¼ 磅 田間蘑菇；切片
- 2 盎司幹牛肝菌浸泡
- 3 湯匙刺山柑
- 番茄 1 個；切片
- 1 杯 青椒，切片
- 3 湯匙帕爾馬干酪，磨碎
- ⅓ 杯新鮮羅勒，切碎

**指示：**

a) 食用前一天，將酸奶與 ½ 茶匙鹽混合，然後將其放入襯有幾層粗棉布的過濾器中，用酸奶製備"奶酪"。將布輕輕地擠在酸奶周圍，然後放在碗上。冷藏並瀝乾至少 10 小時。在繼續食譜之前，小心地從奶酪球上取下粗棉布。

b) 將玉米粥倒入沸水中攪拌。添加 ½ 茶匙鹽。蓋上鍋蓋，用小火煮 15 分鐘，經常攪拌，或直至變稠變軟。倒入 9 英寸不粘餡餅盤中，均勻鋪在底部和側面。

c) 將烤箱預熱至 425 F。將披薩醬塗在玉米粥上。將蔬菜放在醬汁上，上面放上酸奶奶酪、刺山柑和帕爾馬干酪。烘烤 25 分鐘或直至餡餅全部冒泡。

d) 從烤箱中取出，在上面撒上羅勒。

## 99. 迷你玉米粥蛋糕配煙熏三文魚

份量：20 份

原料：

- 1 杯玉米粥
- 2 茶匙人造黃油
- 1 瓣大蒜；剁碎
- 2⅓杯低鹽雞湯
- ½ 杯 低脂酪乳
- ¼ 杯 磨碎的帕爾馬干酪
- 1 杯冷凍全粒玉米；解凍
- ⅓ 杯 切碎的洋蔥
- 3 個蛋清
- 1 個雞蛋
- 1/4 茶匙 鹽
- ¼ 茶匙 白胡椒
- ¼ 茶匙 紅辣椒粉
- 蔬菜烹飪噴霧
- 1/4 杯脫脂奶油乾酪；軟化了
- 2 湯匙原味脫脂酸奶
- 1 茶匙 磨碎的檸檬皮
- 1 少許 鹽
- 3 盎司冷熏三文魚；切成 20 條
- 新鮮蒔蘿小枝；（選修的）

指示：

a) 將前 3 種成分混合在一個大平底鍋中。逐漸加入肉湯，用鋼絲攪拌器不斷攪拌。煮沸，將火調至中火。煮 3 分鐘或直至變稠，不斷攪拌。遠離熱源；加入酪乳和帕爾馬干酪，攪拌，放在一邊。

b) 將玉米和洋蔥放入食品加工機中，加工直至玉米粗切。將玉米混合物、蛋白和雞蛋放入一個大碗中；攪拌均勻。加入玉米粥混合物、1/4 茶匙鹽和胡椒粉。

c) 將玉米粥混合物倒入塗有烹飪噴霧的 11 x 7 英寸烤盤中，均勻塗抹。在 400 度的溫度下烘烤 50 分鐘或直至變成棕色。讓混合物冷卻。用 1-½ 英寸的刀具將玉米混合物切成 20 個裝飾形狀。從烤盤中取出形狀，然後放在塗有烹飪噴霧的烤盤上。

d) 丟棄剩餘的玉米粥混合物。400 度烤 20 分鐘。

e) 將脫脂奶油乾酪、酸奶、磨碎的檸檬皮和少許鹽放入一個小碗中；攪拌均勻，放在一邊。將約 ¼ 茶匙奶油乾酪混合物舀到每個玉米粥蛋糕上。在每個蛋糕上放一條鮭魚條，如果需要的話，可以用新鮮的蒔蘿裝飾。

## 100. 茴香沙拉上的熱玉米粥和牛尾蛋糕

份量：4份

原料：
- 2 杯剩餘的玉米粥 -（至 3 杯）
- ½ 杯 磨碎的阿夏戈奶酪
- 1 杯 切碎的剩餘牛尾肉
- ¼ 杯 青蔥片
- 鹽; 去嚐嚐
- 現磨黑胡椒; 去嚐嚐

茴香沙拉
- 3 杯 茴香片
- 1 個檸檬汁
- ¼ 杯 特級初榨橄欖油
- 1 茶匙粗磨香菜籽
- 鹽; 去嚐嚐
- 現磨黑胡椒; 去嚐嚐

黑醋糖漿
- 2 杯 香醋
- ½ 杯 中國醋

**指示：**

a) 重新加熱玉米粥。加入奶酪、牛尾和蔥。檢查調味料。

b) 在烤盤中發霉，使玉米粥至少 1 英寸厚。冷藏過夜。切方塊或圓形並烤至熱。也可以用不粘鍋炒。

c) 趁熱搭配茴香沙拉食用。用黑醋糖漿和茴香小枝裝飾。

d) 對於茴香沙拉：將所有東西混合在大碗中。檢查調味料。

e) 對於黑醋糖漿：在不銹鋼鍋中，慢慢將醋減少 80%，直至達到糖漿稠度。

## 結論

感謝您加入我們的玉米粥世界美食之旅。我們希望這本食譜能夠激發您在廚房中發揮創意並嘗試新的口味和技術。

請記住，玉米粥是一種多功能且美味的食材，可以以多種不同的方式使用。我們鼓勵您嘗試這些食譜並製作您自己的食譜 - 添加您最喜歡的配料或嘗試不同的風味組合。

如果您是玉米粥的新手，我們希望這本食譜能為您提供開始使用這種神奇食材烹飪的信心和知識。只要稍加練習，您很快就能做出美味的玉米粥菜餚。

再次感謝您選擇玉米粥食譜。我們希望您喜歡這 100 個食譜，就像我們喜歡為您製作它們一樣。快樂烹飪！！

Printed in July 2023
by Rotomail Italia S.p.A., Vignate (MI) - Italy